_____ 님의 소중한 미래를 위해
이 책을 드립니다.

새뮤얼 스마일즈의 인생 수업

오늘을 뜨겁게 살아가게 하는 자기계발서의 원조

새뮤얼 스마일즈의 인생 수업

새뮤얼 스마일즈 지음 | 강현규 엮음 | 김익성 옮김

메이트북스

메이트북스 우리는 책이 독자를 위한 것임을 잊지 않는다.
우리는 독자의 꿈을 사랑하고,
그 꿈이 실현될 수 있는 도구를 세상에 내놓는다.

새뮤얼 스마일즈의 인생 수업

초판 1쇄 발행 2024년 11월 25일
지은이 새뮤얼 스마일즈 | **엮은이** 강현규 | **옮긴이** 김익성
펴낸곳 (주)원앤원콘텐츠그룹 | **펴낸이** 강현규·정영훈
등록번호 제301-2006-001호 | **등록일자** 2013년 5월 24일
주소 04607 서울시 중구 다산로 139 랜더스빌딩 5층 | **전화** (02)2234-7117
팩스 (02)2234-1086 | **홈페이지** matebooks.co.kr | **이메일** khg0109@hanmail.net
값 15,000원 | **ISBN** 979-11-6002-913-0 03100

"하늘은 스스로 돕는 자를 돕는다.
남의 도움은 사람을 나약하게 만들지만,
스스로를 돕는 것은 언제나 강력한 힘이 된다."

- 새뮤얼 스마일즈 -

매사에 즐겁게 일하고, 인격을 키워 나가자!

이 책은 국내외에서 이미 상당히 호평 받았던 책의 개정판이
다. 미국에서는 여러 가지 판본으로 재간되었고, 네덜란드어와
프랑스어 번역본도 출간되었다. 조만간 독일어와 덴마크어로
도 번역 출간될 예정이다. 이처럼 이 책이 여러 나라에서 독자
의 마음을 사로잡은 데는 이 책에 실린 여러 인물의 삶과 인격
을 보여주는 풍부한 일화뿐 아니라, 정도의 차이는 있겠지만
다른 사람의 노력과 시련, 투쟁과 성취가 많은 독자의 흥미를
끌었기 때문이겠다.

필자는 원래 이 책을 출판해야겠다는 생각이 없었다. 그저
젊은이를 대상으로 한 독본을 만들면 좋겠다는 생각으로 오랜
시간 짬짬이 적어놓은 글을 한데 모아두었다. 그러다 보니 책

이 토막글 형식이 되었음을 누구보다 잘 알고 있다. 이번 개정판을 내면서 불필요한 부분을 상당 부분 솎아냈고 일반 독자의 관심을 끌법한 새로운 사례를 소개할 기회가 되었다.

이제 와서 바꾸기에는 너무 늦었지만, 어떤 면에서는 유감스럽게도 이 책의 제목이 오해를 불러일으킨 것 같다. 제목만 보고서 이기심을 찬양하는 내용일 거라고 속단하는 사람도 있으니 말이다. 하지만 실제로 그런 속단과는 전혀 다르다. 아니, 적어도 필자가 의도한 바가 아니다. 이 책은 무엇보다 젊은이를 독려해 스스로 올바른 일을 추구해 나가도록 하고 그 과정에서 고된 수고나 고통을 감내하고 극기심을 발휘하도록 하며, 다른 사람의 도움이나 후원에 기대기보다는 스스로 노력해서 삶을 헤쳐 나가도록 하는 데 그 목적이 있다. 그러면서 한편으로는 문학가와 과학자, 예술가, 발명가, 교육자, 자선가, 선교사, 순교자 등의 사례를 통해, 최고의 의미에서 '스스로 돕는다'는 자조(自助)의 의무가 반드시 자기 이웃을 돕는 일과 함께 간다는 점역시 알게 될 것이다.

또한 이 책이 자조의 정신으로 자기 삶에서 성공을 거둔 이들에는 큰 관심을 기울이지만 실패한 수많은 사람에게는 별다른 관심을 기울이지 않았다는 비판도 있었다. 이렇게 묻는 사람도 있었다. "어째서 이 책에는 성공한 위인의 이야기만 있고 실패한 사람의 이야기는 없는가?"

물론 실패한 사람 중에도 위인이 있을 수 있고 이들의 전기가 나오지 못할 이유 따위는 없다. 다만 독자가 실패를 기록해 놓은 글을 읽으면 거기에서 어떤 교훈을 얻기 어려울 수도 있고 지나치게 좌절감을 안겨줄 우려도 있다. 이 책을 읽어나가면서 알게 되겠지만, 실패는 다시 노력을 기울이도록 부추기고 최선을 다하도록 독려하는 동시에 자기 수양과 절제심 그리고 지식과 지혜를 성장시킴으로써, 진정으로 열심히 살아가는 힘을 길러내는 최고의 훈련이다. 이런 관점에서 보면, 끈기를 가지고 버텨나갔지만 실패한 이야기는 언제나 흥미진진하고 유익한 교훈으로 가득하며, 이 책에서도 수많은 사례를 통해 이러한 점을 예로 들어가면서 보여주려고 노력했다.

실패 자체를 놓고 보면, 삶의 말년이라면 다른 사람의 실패담에서 위안거리를 찾을 수 있을지도 모르겠지만, 그런 실패가 이제 막 사회에 첫발을 내딛는 젊은이 앞에 목표로 내세울 만한 것인지는 한 번쯤 다시 생각해보지 않을 수 없다. 사실, '일하지 않는 법'은 세상에서 배우기 가장 쉽다. 거기에는 가르침이나 노력, 극기나 근면, 인내나 끈기는 물론이거니와 심지어 판단력조차 필요치 않다. 게다가 독자는 전투에서 패배한 장군, 발명한 기계를 날려 먹은 기술자, 결함투성이인 건물을 설계한 건축가, 단 한 번이라도 조잡한 그림을 뛰어넘는 작품을 그려보지 못한 화가, 아무것도 발명해 내지 못한 발명가, 손대는 일마다 족족 파산하고 마는 상인에 관해 그다지 알고 싶어 하지 않는다.

능력이 출중한 사람도 가장 훌륭한 목표를 추구하다가 실패할 수 있다. 설령 그 실패가 훌륭한 목표를 이루려다가 생겼을지라도 이들 중에서 실패하려고 애를 썼다거나 자신이 겪은 실패가 가치 있는 일이라고 여기는 사람은 없다. 자신이 겪은 실패는 그저 불운이었을 뿐이라고 생각한다. 나쁜 일에서 성공을 거두면 오명을 뒤집어쓰는 데 불과하겠지만, 훌륭한 목표를 추구하다가 실패하면 명예로운 일이다. 동시에 좋은 목표를 추구하면서 성공을 거두는 것이 실패하는 것보다 훨씬 낫다는 점은 분명하다. 하지만 어떤 경우든 중요하게 여겨야 할 것은 그 결과가 아니라 분투, 인내, 용기, 그리고 바람직하고 가치 있는 목표를 추구하는 노력이다.

이 책의 목적은 올바른 교훈을 되풀이해서 심어주는 것이다. 그 교훈은 이렇다. 젊은이는 반드시 즐겁게 일해야 한다는 점,

어떤 명예로운 일도 근면하게 실천하지 않으면 이루어질 수 없다는 점, 배우는 학생이라면 어려움에 주눅 들지 말고 인내와 끈기로 그런 어려움을 이겨내야 한다는 점, 그리고 무엇보다도 인격을 함양해야 하며 인격을 갖추지 못하면 어떤 능력도 쓸모없고 세속적인 성공을 거두더라도 아무 소용이 없다는 것이다.

만약 필자가 이 책에서 이런 교훈을 분명히 전하지 못했다면, 필자는 그저 자신의 목적을 이루는 데 실패했다고 말할 수밖에 없다.

1866년 5월, 런던에서

서서히 죽어가는 사람이 되지 않기 위해!

기술이 시대 변화를 이끄는 후기자본주의가 펼쳐지면서 모든 것이 디지털화되어가고 있지만 우리 인간이 가진 '아날로그 열정'의 힘은 예나 지금이나 그대로다. 꿈을 이루거나 한 분야에서 우뚝 서기 위해서는 어떤 환경에 처해 있든지 열정을 갖고 해야 한다. "위대한 것 치고 열정 없이 이루어진 것은 없다"는 에머슨의 말은 여전히 유효하다.

세계적인 축구선수 손흥민의 사례를 보더라도 그의 성공 요인은 두말할 나위 없이 '열정'이다. 기본기를 쌓기 위한 6년 동안의 엄청난 노력도 축구에 대한 그의 열정이 없었다면 불가능했을 것이고, 아버지의 헌신적인 서포트도 그의 열정이 있었기에 좋은 시너지를 발휘한 것이다.

노력 없이 이루어지는 것은 없다. 당장의 힘든 과정을 버텨내게 하는 건 열정이 있기에 가능한 것이며, 그렇게 절제하고 노력했기에 그들은 최고로 우뚝 선 것이다. 열정이 있기에 어떤 고통과 유혹에도 흔들리지 않고 자기 길을 갈 수가 있는 것이다. 그렇게 스스로를 도우니 하늘마저 나를 돕게 되는 게 세상살이의 영원한 이치다.

그런 의미에서 이 책은 언젠가부터 일상에 젖어 무기력해진 당신에게 아주 좋은 자극제가 되어줄 것이다. 이 책은 우리에게 주문을 걸어준다. "꾸준히 노력한다면 당신도 충분히 할 수 있다"라고!

이 책은 새뮤얼 스마일즈(Samuel Smiles, 1812~1904)가 1876년에 펴낸 대중적 자기계발서의 효시이자 고전으로 자리매김한 『자조론(Self-help)』을 옮긴 것이다. 다만 완역본은 아니며, 독자가 되도록 적은 분량으로 쉽고 편하게 새뮤얼 스마일즈가 전하는 이야기의 정수를 접할 수 있도록 한다는 취지에 걸맞게 책의 상당 부분을 솎아내어 간추린 압축 버전이다.

편역 과정에서 원서의 분량을 상당히 덜어냈다. 흔히들 우스갯소리로 고전은 '길고 어려운 책'이라고 한다. 이 책은 어렵다고는 하기 힘들겠으나 적어도 매우 길다는 면에서는 고전이라는 이름값을 톡톡히 하고도 남는다. 시중에 나와 있는 이 책의 완역본이 무려 600여 쪽에 이르니 말이다. 현대의 독자들이 쉽게 손이 가기엔 버거운 분량인 것은 분명하다.

논리 전개가 촘촘하고 치밀한 책이라면 몇 부분을 솎아내고 추려내서 옮기는 작업이 까다로웠겠지만, 이 책은 논리 전개가 그렇게 치밀한 책이 아니다. 논리보다는 자신이 전달하고자 하는 주제를 다양한 인물 일화를 통해 반복적으로 예증함으로써 그 주제를 강조하고 있다. 다만 인물 일화가 너무나 많다 보니 오히려 주제에 대한 몰입을 방해한다는 것이 이 책의 유일한 단점임을 감안해서 현대의 독자들이 읽기에 시의성이 떨어지는 일화나 같은 주제에 대한 반복적인 일화를 상당히 솎아냈고, 그 결과 이 편역본이 탄생했다.

이 책은 "하늘은 스스로 돕는 자를 돕는다"는 너무도 익숙한 금언으로 시작해서 개인적인 성공은 물론이거니와 그런 성공에 이르는 과정에서 문명의 발전을 이끈 노동자, 기술자, 과학자, 발명가, 정치가, 예술가, 기업가 등 각계각층에 속한 수많은 사람의 일화를 전한다.

이런 일화를 통해 스마일즈가 역설하는 가르침은 이렇다. "우선 내가 바로 서야 성공할 수 있고, 세상이 제대로 굴러가고, 나라가 바로 선다. 개인이 누리는 부와 성공과 행복은 국가나 제도나 출신 배경 등이 아니라 자기 자신을 스스로 도우려는 '자조(自助)'의 정신에 달려 있다. 당신의 타고난 신분이나 재산, 재능은 상관없다. 누구라도 근면하고 성실하고 끈기 있게 노력하다 보면 부와 성공과 행복에 이를 수 있다." 이 얼마나 간명하고도 힘 있는 가르침인가!

그렇기에 이 책은 빅토리아 시대 영국인의 마음을 사로잡을 수 있었다. 빅토리아 여왕을 포함한 영국 사회의 여러 저명인사에게 '19세기 영국을 세계 최고의 번영한 산업 국가로 만드는 데 일조한 책'이라는 평가를 받았고, 이탈리아를 비롯한 20여 개 언어로 번역되어 세계적으로 널리 읽혔다. 이 책은 출간 첫해에만 2만 부가 팔렸고, 생전에 25만 부가량이 팔려 19세기 중반 영국에서 출간된 비소설 중에서 가장 인기 있는 책으로 평가되었고, '빅토리아 중기 시대의 성서'라고까지 불리기도 했다. 마거릿 대처 총리를 비롯해 영국의 여러 총리들도 이 책을 국민도서로 꼽았다.

일본에서는 메이지 초기의 계몽 사상가이자 교육자였던 나

카무라 마사나오(中村正直)가 1871년에 『서국입지론 - 원본자조론(西國立志論—原本自助論)』이라는 번역서를 내놓음으로써 동아시아 사상계에 '자조'라는 신조어를 처음 소개했다. 이후 1906년에는 아제카미 신조(畔上賢造)가 이 책을 상·중·하 3권으로 번역해 선풍적인 인기를 얻었다. 이 책은 출판된 후 1921년까지 각종 판본을 모두 합쳐 100만 부 이상 팔린 베스트셀러가 되었다. 『자조론』은 일본을 부강하게 만든 두 권의 책 중 하나로써 '일본 근대화에 기여한 대표적 저서'라는 평가를 받고 있다. 고이즈미 전 일본 총리도 집권 후 시정 연설에서 이 책을 '21세기 일본 국민의 필독서'라며 강력하게 추천하기도 했다.

얼마 전, 넷플릭스에서 〈나이애드의 다섯 번째 파도〉라는 영화를 보다가 이런 대사를 만났다. 문득 이 책을 단 한 줄의 대사로 표현하면 이 정도가 되지 않을까 하는 생각이 들었다. 이 한 권의 책이 당신의 삶을 조금이라도 반짝이게 했으면 좋겠다는 생각과 함께.

"다이아몬드는 끈덕지게 버텨낸 석탄 덩어리일 뿐이다 (Diamonds are only lumps of coal that stuck at it.)."

차례

1장

스스로 돕는 자조 정신이
그 어느 때보다도 필요하다

2장

천재성이 아닌 성실과 끈기가
성공의 유일한 비결이다

3장

아무리 사소한 것이라도
소홀히 다루지 말아야 한다

4장

강건한 의지와 용기로
가치 있는 목적을 추구하자

5장

요행이 아닌 상식을 따라야
사업에서 성공할 수 있다

6장

돈은 정당하게 벌어서
지혜롭게 사용해야 한다

7장

자기 수양은 출세가 아니라 지속적인 성장이다

8장

모범이 되는 삶을 살아 긍정적인 영향력을 미치자

9장

자신만의 원칙을 지키며
인격을 쌓기 위해 노력하자

Samuel Smiles

스스로 돕는 자조 정신이 그 어느 때보다도 필요하다

내면에서 스스로를 돕는 것은
언제나 강력한 힘을 발휘한다

"하늘은 스스로 돕는 자를 돕는다." 이 격언은 이미 수많은 사람들의 경험에서 검증된 진리이다. '자조' 정신은 개인이 진정한 성장을 이루는 뿌리가 되며, 자조 정신을 실천하는 사람이 많은 국가는 그만큼 활력을 갖는다.

외부에서 도움을 받으면 종종 그 힘의 영향력이 약해지기도 하지만 내면에서 스스로를 돕는 힘은 언제나 강력한 영향력을 발휘한다. 개인이든 집단이든 다른 사람에게 도움을 받게 되면 스스로 실행할 필요가 없기 때문에 일을 수행하기 위한 동기도 생기지 않고, 타인의 지나친 지도나 감독을 받게 되면 필연적으로 무력한 상태에 빠지고 만다.

제도 역시 우리 스스로가 개선을 위해 의지적으로 행동을 취하지 않는 한 우리에게 충분할 만큼 실질적인 도움을 주지는 못한다. 그런 제도가 할 수 있는 최선의 역할은 우리가 스스로 계발하고 각자가 처한 조건을 개선하도록 자유롭게 내버려두는 것뿐이다. 하지만 어느 시대든 사람들은 자기 행동보다는 제도라는 수단을 통해 자신의 행복과 안녕을 지킬 수 있다고 믿으며, 마치 법률이 인류 진보의 견인차라도 되는 듯이 그 가치를 과대평가해 왔다.

정부가 하는 일은 적극적이고 능동적이라기보다 소극적이고 제한적이며, 정부가 해결할 수 있는 문제는 주로 생명과 자유와 재산을 보호하는 일에 치중되어 있다.

법이 사려 깊게 시행되면 개인이 비교적 희생을 적게 치르고도 정신적이든 육체적이든 자신이 기울인 노고의 과실을 일정 부분 누릴 수도 있다. 하지만 법이 아무리 엄격하더라도 게으른 사람을 부지런하게는, 돈을 헤프게 써대는 사람이 앞날을 대비하게는, 주정뱅이가 술을 끊게 만들지는 못한다. 더 나은 삶을 살기 위해서는 오로지 본인 스스로의 실천과 절약과 자제가 필요하다. 다시 말해 '더 많은 권리'가 아니라 '더 나은 습관'을 통해서만 이런 변화가 가능해진다.

개개인의 인격이야말로
자유의 굳건한 토대이다

국가란 그 나라를 구성하는 개인의 수준을 반영하는 것에 지나지 않는다. 국민보다 앞서가는 정부는 국민의 수준에 맞게 끌어내려지기 마련이고, 국민보다 수준이 낮은 정부는 세월이 흐르면서 차츰 국민의 수준에 맞게 끌어올려진다. 물의 수위가 알아서 결정되는 것처럼 한 나라의 집단적 국민성 역시 자연의 순리에 따라 그 나라의 법과 정부 안에서 걸맞은 형태로 나타난다. 국민이 고결하다면 고결하게 다스려질 테고, 무지하고 타락했다면 천하게 다스려질 것이다.

국가의 가치와 국력은 '그 나라가 어떤 형태의 제도를 갖추고 있는가'보다 '그 나라의 국민이 어떤 인격을 소유하고 있는가'에 달려 있다. 국가는 개개인이 놓인 여건을 반영한 집합체

일 뿐이며, 문명은 사회의 구성원들이 얼마나 진보했는가를 의미하기 때문이다.

개개인이 모두 부지런하고 활력이 넘치며 올바르게 살아갈 때 그 나라는 발전하고, 개개인이 게으르고 이기적이며 나쁜 방식으로 살아갈 때 그 나라는 쇠락한다. 사회악이라고 힐난하는 현상도 대부분 그저 개개인의 타락한 삶이 빚어낸 부산물에 불과하다. 우리가 법이라는 수단을 통해서 사회악을 줄이고 뿌리 뽑으려고 노력할 수는 있겠지만, 개인의 삶과 인격이 처한 조건이 근본적으로 개선되지 않는다면 사회악은 모습을 바꾸고 다시 나타나 기승을 부릴 것이다.

최고의 애국심과 박애의 정신은 법을 바꾸고 제도를 뜯어고 친다고 해서 생겨나지 않는다. 오히려 개개인이 스스로 자유롭고 자주적으로 행동함으로써 자신을 발전시키고 계발할 수 있도록 돕고 독려할 때 비로소 생겨나는 것이다.

사람이 밖에서 어떻게 다스려지는지는 그다지 중요하지 않다. 내적으로 자기를 어떻게 다스리는지가 중요한 것이며 여기에 모든 것이 달려 있다. 가장 비참한 노예는 사악하기 이를 데 없는 폭군에게 지배당하는 사람이 아니라 자기 자신의 도덕적 불감증과 이기심, 부도덕에 예속된 사람이다.

따라서 내면이 노예 상태에 놓여 있는 국민은 단순히 통치자나 제도를 바꾼다고 해서 자유로워지지 못한다. 또한 '자유가 오로지 정부의 손에 달려 있다'는 치명적인 착각이 널리 퍼져 정부나 제도를 변화시킨다고 해도 스쳐 지나가듯 빠르게 바뀌는 환상 속의 형상처럼 실질적이고 지속적인 결과를 얻어내지 못할 것이다.

개개인의 인격이야말로 자유의 굳건한 토대이자, 사회를 안정시키고 나라를 발전시키는 유일하고 확실한 보증서다. 영국의 정치경제학자 존 스튜어트 밀은 국민 인격의 중요성에 대해 이렇게 설명한다. "개개인의 개성이 사회 저변에 살아 있는 한, 아무리 지독한 독재 치하라 하더라도 최악의 결과가 나타나지는 않는다. 반대로 국민의 개성을 짓밟는 정치가 있다면 어떤 이름을 가져다 붙이든 그게 비로 독재나."

독서보다는 노동과 실천을 통해
인간은 자신을 완성한다

　모든 나라는 대대손손 이어온 생각과 행동이 쌓여 현재의 모습으로 만들어졌다. 농부와 광부, 발명가와 발견사, 제조업자, 기계공과 장인, 시인, 철학자, 정치가 등 서로 타고난 사회 계층도 다르고 각자가 처한 삶의 여건도 다르지만 모두 인내심과 끈기를 갖춘 일꾼으로서 지금의 결과를 만들어 내는 데 힘을 보탰다. 한 세대의 노고 위에 다음 세대의 노고가 쌓여 우리를 훨씬 더 높은 단계로 이끌어 왔다.

　고귀한 노동자, 즉 문명의 창조자가 끊임없이 이어진 덕분에 산업과 과학과 예술을 혼돈에서 질서로 이끌어올 수 있었다. 따라서 현재를 살고 있는 인류는 자연스럽게 선조의 기술과 노고로 얻은 풍요로운 재산의 상속인이 되었고, 우리는 우리 손으로 그 유산을 갈고 닦아 온전하게, 그러면서도 개선된 상태로 후손에게 물려주어야 한다.

어느 시대에나 대중 안에서도 남들보다 뛰어난 인물이 연이어 나타났고 이들은 대중의 존경을 받아 왔다. 하지만 인류의 진보는 이런 뛰어난 인물들보다도 보잘것없고 평범한 이들에게 빚지고 있다. 어떤 전쟁의 역사에서든 몇몇 장군의 이름만 기억되고 있다. 하지만 전쟁에서 승리할 수 있었던 건 수많은 말단 사병의 개인적 무용과 영웅적 행위 덕분이었다. 삶 또한 '사병의 전투'와 다르지 않다.

한 시대의 위대한 일꾼들 중에 역사에 기록되지 않은 이들도 많다. 그러나 이들은 전기에 이름이 기록된 운 좋은 사람들 못지않게 인류 문명과 진보에 지대한 영향을 미쳤다. 아무리 비천하더라도 근면과 절제, 그리고 삶의 목적에 대한 진솔함을 실천하며 자기 동료에게 본보기가 될 만한 삶을 살아간다면, 그 사람은 현재뿐만 아니라 미래에도 조국의 안녕에 영향을 미칠 수 있다. 그의 삶과 인격이 무의식적으로 다른 사람에게 전해져 대대로 좋은 본보기를 널리 퍼트릴 것이니 말이다.

일상적인 경험에서 알 수 있듯이 다른 사람의 삶과 행동에 가장 강력한 영향을 미치면서 최고의 실천적 교육이 되는 것은

'활력 넘치는 개인주의'다. 각급 학교나 학원, 대학을 비롯한 공식 교육 기관은 그저 교육의 첫걸음을 제공하는 것에 그친다. 우리 가정과 길거리나 상점과 일터에서, 그리고 직조기에 앉아서, 쟁기로 밭을 갈면서, 사무실이나 공장에서 일하면서, 그리고 사람이 끼리끼리 모여드는 분주한 장소에서 매일같이 이루어지는 생활 속의 교육이야말로 영향력이 훨씬 크다. 이는 사회 구성원으로 배울 수 있는 마무리 단계의 교육이며, 독일의 고전주의 극작가인 프리드리히 실러는 이를 '인류의 교육'이라고 칭한 바 있다.

'인류의 교육'의 주안점은 행동, 품행, 자기 수양과 자기 절제를 통해 인류가 삶의 의무와 과업을 적절히 수행하도록 단련시키는 데 있다. 이런 교육은 책에서 배울 수 있는 것도 아니고, 문학적 소양을 쌓는다고 해서 습득할 수 있는 그런 종류의 교육도 아니다. 영국의 철학자인 프랜시스 베이컨은 이렇게 강조했다. "학문은 쓰임새를 가르쳐주지 않는다. 쓰임새에 대한 지혜는 세상을 관찰하여 얻을 수 있으며, 그렇기에 학문보다 더 높은 곳에 있다."

이는 실생활에서뿐만 아니라 지성을 갈고 닦는 데도 적용된다. 인간의 모든 경험이 입증하는 교훈은, 인간은 독서보다는 노동을 통해 자신을 완성한다는 것, 즉 인류를 끊임없이 개조해 나가는 건 학식이 아니라 인생이고, 공부가 아니라 실천이며, 전기에 쓰인 기록이 아니라 실제 인격이라는 것이다.

그럼에도 위인의 전기 역시도 다른 사람에게 도움이 되고 길잡이가 되며 동기를 불러일으킨다는 점에서 매우 교육적인 가치가 있고 유익하다. 몇몇 가장 훌륭한 전기는 복음서와 거의 맞먹는 가치가 있다. 자신의 삶뿐만 아니라 이 세계의 공공선을 위해 고결하게 살고 생각하며 열정적으로 행동하라는 가르침을 주니까 말이다. 위인들은 자조, 확고한 목표 의식, 착실한 노력, 그리고 변함없는 성실함이 얼마나 중요한지를 보여준다. 또한 이런 본보기는 태생이 가장 비천한 사람이라도 자존감과 자립심만 있다면 자기 힘으로 역경을 딛고 존경받을 만한 역량과 견실한 명성을 얻어 나가는 데 얼마나 큰 힘을 발휘하는지를 웅변적으로 보여준다.

열악한 환경을 이겨낸 이에겐
극복하기 어려운 역경 따윈 없다

과학이나 문학, 예술 분야에는 위대한 사상을 주창하거나 고결한 정신을 보여주는 대가들이 많은데, 그렇다고 이들이 특정한 계급이나 계층의 사람들만 있는 건 아니다. 출신지는 대학이나 일터나 농장은 물론, 가난한 자의 움막에서 부자의 저택에 이르기까지 그 장소를 가리지 않는다. 하나님의 위대한 사도 중에서도 몇몇은 이른바 '천민' 출신이었다.

가장 가난한 사람이 가장 높은 지위에 오르는 경우를 보면, 이들에게는 극복하기 어려운 역경 따위란 없었다. 역경은 치열한 노력과 인내를 불러일으켰고, 역경이 없었더라면 잠자고 있었을 인생의 재능과 능력을 일깨움으로써 최고의 동반자 역할을 하기도 했다. 역경을 극복해서 결국 승리를 쟁취한 사례는 수두룩하고, 이런 사례는 "의지만 있다면 불가능은 없다"는 격언이 맞는 말임을 증명한다.

눈에 띄는 몇 가지 예를 들어보겠다. 가장 시적인 신학자로 알려진 제러미 테일러, 제니 방적기의 발명가이자 면직물 제조업의 창시자인 리처드 아크라이트, 가장 걸출했던 수석재판관 중 한 사람으로 손꼽히는 텐터든, 가장 위대했던 풍경화가 터너, 이들은 모두 이발사였거나 이발사 집안 출신이었다.

셰익스피어의 과거에 대해서는 확실히 알려진 바가 없지만, 그가 미천한 계급 출신이라는 사실만은 의문의 여지가 없다. 그의 아버지는 목축업과 도축업에 몸담고 있었고, 셰익스피어 자신도 젊은 시절에는 양모 빗질하는 일을 했다고 한다. 그가 학교에서 문지기로 일하다가 나중에는 공증인 사무실에서 서기로 일했다고 주장하는 사람도 있다. 셰익스피어는 정말로 '전 인류의 전형'이었던 듯하다. 어느 해양 작가는 셰익스피어의 글에 등장하는 여러 해양 관련 구절이 정확하다는 사실로 짐작해보건대 그가 선원이었음이 분명하다고 주장했고, 어느 성직자는 셰익스피어의 글 속에서 드러난 증거를 바탕으로 그가 교구 주임 복사의 서기였을 것이라고 추론했다. 저명한 어느 말 감정가는 그가 말 장수였던 게 틀림없다고 주장했다.

셰익스피어는 확실히 타고난 배우였다. 인생을 살아가는 동안 '다양한 배역을 연기'하면서 폭넓은 분야에서 얻은 경험과 관찰을 통해 놀라운 견문을 쌓아갔다. 어쨌든 셰익스피어는 용의주도한 학생이자 열심히 일한 사람이었음이 분명하고, 그 덕분에 그가 쓴 작품은 오늘날까지도 지대한 영향을 미치고 있다.

또 다른 예로 1702년 비고만 해전(영국-네덜란드 함대가 프랑스-스페인 함대를 스페인의 비고 만에서 격파한 에스파냐 왕위 계승 전쟁의 전투 중 하나-옮긴이)에서 적을 무찔렀던 토머스 홉슨 제독은 재단사 출신이었다. 그는 영국 아일섬의 본처치 인근에서 어느 재단사의 도제로 일하고 있었다. 어느 날 마을에서 함대가 곧 섬을 지나갈 예정이라는 소식을 들었다. 홉슨은 가게를 뛰쳐나가 친구 몇몇과 해변으로 달려가서는 그 위풍당당한 모습을 바라보았다. 소년의 마음은 갑자기 선원이 되겠다는 열망으로 불타올랐고, 곧장 작은 보트에 올라타고 노를 저어 제독의 함선에 승선하고서는 자원병으로 입대했다. 여러 해가 지나서, 홉슨은 훈장을 주렁주렁 달고서 금의환향했고 자신이 도제로 일했던 가게에서 극진한 대접을 받았다.

하지만 재단사 출신 중에서 가장 성공한 사람이라면 두말할 것도 없이 제17대 미국 대통령인 앤드루 존슨이다. 그는 비범한 인격과 함께 탁월한 지성을 겸비한 인물이었다. 언젠가 그가 워싱턴에서 훌륭한 연설을 하면서 자신이 시의회 의원으로 정치에 입문해서 의회의 모든 활동을 두루 섭렵했다고 소개하자, 군중 속에서 누군가 이렇게 외쳤다. "재단사 주제에 출세했네!" 하지만 존슨은 의도적인 비아냥을 부드럽게 받아넘기면서 그 사실을 이렇게 설명하기까지 했다. "어떤 신사께서 제가 재단사였다고 말씀하시네요. 조금도 개의치 않습니다. 제가 재단사로 일할 때도 옷을 몸에 딱 맞게 만드는 유능한 재단사라는 평이 자자했습니다. 늘 손님과 약속했던 시간을 지켰고. 옷하나는 끝내주게 잘 만들었습니다."

초년에 겪은 역경과 불우한 환경은
성공의 밑거름이 된다

전 세계적으로 한 분야의 밑바닥에서부터 전심전력으로 힘을 쏟아 부어 사회적으로 유능하고 영향력이 강한 높은 지위까지 오른 사람의 사례는 셀 수 없이 많다. 그래서인지 오랫동안 이런 사례는 특별한 현상으로 여겨지지 않았다.

가장 눈에 띄는 몇몇 사례를 살펴보면, 초년에 겪은 역경과 불우한 환경은 성공하려면 꼭 필요하고 없어서는 안 될 조건이라고 해도 지나치지 않은 듯하다. 영국 하원에서는 언제나 자수성가한 사람이 의석의 상당수를 차지해 왔다. 이런 이들이 의회에서 환영과 존경을 받는다는 것은 영국 의회의 자랑거리기도 하다.

솔프드 출신 하원의원인 조지프 브라더턴은 '10시간 노동 법안'을 놓고 토론을 벌이던 와중에 비애의 심경을 담아 면직 공장에서 소년공으로 일하면서 자신이 겪었던 온갖 고초와 노역을 털어놓았다. 그는 당시에 자신에게 그럴 만한 힘이 있다면 이들 계급이 처한 상황을 개선하기 위해 노력하겠노라고 결심했었다고 말했다. 그러자 제임스 그레이엄 경이 일어나 자기는 지금껏 브라더턴 의원의 출신 배경에 대해 알지 못했으나 그런 불리한 조건을 딛고 일어선 사람이 이 땅의 세습 귀족과 동등한 자격으로 나란히 앉아 국정을 논할 수 있다고 생각하니, 하원의 일원이 된 일이 그 어느 때보다도 자랑스럽게 여겨진다고 발언해 의원들의 박수갈채를 받았다. 올덤 출신 하원의원 폭스는 자신의 과거를 회상하면서 버릇처럼 "제가 노리치에서 소년 방직공으로 일하던 시절에는"이라는 말을 덧붙이기도 했고, 이들과 마찬가지로 미천한 집안 출신의 의원 여럿이 여전히 활동하고 있다.

유명한 선주이자 최근까지 선덜랜드 지역 하원의원으로 활동했던 린지는 자기 정적이 가한 공격에 맞서서 웨이머스 지역 유권자에게 자신의 인생 역정을 털어놓은 적이 있다. 그는 열네 살에 부모님을 여의게 되자 살길을 찾아 글래스고를 떠나 리버풀로 가려고 했다. 하지만 뱃삯을 낼 돈이 없었기에 뱃삯

대신 잡일로 하는 조건으로 증기선 선장에게 승선을 허락받았고, 항해하는 동안 석탄 저장실에 실어놓은 석탄을 정리하면서 리버풀에 도착했다. 그러나 일자리를 구하지 못해 허름한 헛간에서 거의 굶다시피 하며 지냈다. 7주가 지나서야 간신히 서인도 무역선에서 일자리를 얻게 되었다. 어린 나이부터 배를 타기 시작해서 꾸준히 노력한 덕에 열아홉이 되기도 전에 선장 자리에 오르게 되었다. 스물셋에 배를 떠나 뭍에 정착했고, 그 이후로 빠르게 성공을 거두었다. 린지는 이렇게 말했다. "나는 꾸준히 노력하고 부지런하고 성실하게 일했으며 남이 나에게 베푼 만큼 남에게 갚는다는 원칙을 지켰던 덕분에 성공을 거둘 수 있었다."

버큰헤드 출신으로 현재 노스 더비셔 지역 하원의원으로 활동하고 있는 윌리엄 잭슨의 인생 역정 또한 린지 못지않다. 랭커스터에서 외과의로 일하던 아버지가 세상을 떠나자 열한 명의 형제가 남겨졌는데 윌리엄은 그중 일곱째였다. 형들은 아버지가 살아 계신 동안 훌륭한 교육을 받았지만, 아버지가 돌아가시자 나이가 어린 자녀들은 스스로 알아서 앞날을 꾸려나가야 했다. 열두 살도 채 되지 않았던 윌리엄은 학교를 그만두었고, 아침 6시부터 밤 9시까지 부둣가에서 고된 노동을 해야 했다. 그러다가 고용주가 앓아누우면서 경리 업무로 자리를 옮겨 거기에서 좀 더 편하게 시간을 보낼 수 있게 되었다. 이렇게 책을 읽을 수 있는 여유 시간이 생기자 『브리태니커 백과사전』 전집을 접할 기회가 생겼다. 낮에는 짬이 나는 대로 틈틈이 읽고 주로 밤에 읽는 식으로 이 백과사전을 처음부터 끝까지 통독했다. 이후 그는 무역업에 투신했고 부지런히 노력한 결과 큰 성공을 거두었다. 오늘날 그의 배 여러 척이 전 세계의 거의 모든 바다를 누비면서 지구상의 거의 모든 나라와 교역을 하고 있다.

자조의 노력을 기울이면,
가난은 오히려 축복으로 바뀐다

똑같은 계급 출신의 또 다른 예로 고인이 된 리처드 콥든을 꼽을 수 있다. 콥든 역시 비천하게 삶을 시작했다는 점에서는 매한가지였다. 콥든은 서식스 주 미드허스트에서 소농의 아들로 태어나, 어린 나이에 가족과 떨어져 런던에 있는 큰 도매상에서 사환으로 일했다. 그는 부지런한 데다가 행동거지가 반듯했고 늘 지식에 목이 말라 있었다.

주인은 고리타분한 사고방식을 가졌던 사람이기에 "책을 너무 많이 읽지 말라"고 콥든을 나무라기도 했다. 하지만 소년은 묵묵히 제 갈 길을 가면서 책에서 발견한 소중한 재산을 머릿속에 차곡차곡 채워 넣었다. 신임을 받아 승진을 거듭하면서 고객 담당자 자리에 올라 큰 거래처를 확보하기도 했고, 그러다가 마침내 맨체스터에서 자기 사업으로 직물 염색업을 시작했다.

콥든은 사회 문제, 특히 대중 교육에 큰 관심이 있었는데, 그러다가 점차 곡물법(1815년부터 1846년 사이에 대영 제국이 수입 음식과 곡물에 대한 관세와 제한을 강제한 법-옮긴이)의 문제점에 주목하게 되었고 이 법을 철폐시키기 위해 전 재산과 온 인생을 바쳤다. 한 가지 흥미로운 점은, 그가 대중 앞에서 한 첫 연설이 완전히 실패했었다는 사실이다. 하지만 그에게는 열정을 가지고 끈질기게 노력한 결과 마침내 대중에게 자신의 주장을 설득력 있고 효과적으로 전달하는 명연설가가 되었다.

콥든과 격렬한 논쟁을 벌였던 로버트 필도 그의 연설에 사심 없는 찬사를 보냈다. 주영 프랑스 대사였던 드루앙 드 뤼는 콥든에 대해 이렇게 열변을 토했다. "콥든은 한 사람이 지닌 장점과 끈기 그리고 노력이 무엇을 이루어낼 수 있는지를 보여주는 살아 있는 증거이자, 사회의 가장 미천한 계급에서 태어나 자기가 지닌 자질과 개인적인 노력만으로 스스로 사회적 평판이 가장 높은 자리에 오른 사람 중에서 가장 완벽한 본보기요, 영국인 특유의 강건함이라는 기질을 보여주는 보기 드문 본보기이다."

이 모든 사례에서 드러나듯, 명예를 얻으려면 불굴의 노력을 그 대가로 치러야 한다. 게으름에 물들지 않아야 어떤 분야에서든 뛰어난 경지에 오를 수 있다. 풍부한 교양을 쌓고 지식과 사업에서 성장을 일궈내려면 오로지 손과 머리를 부지런히 움직이는 수밖에 없다.

제아무리 부유하고 사회적으로 지체 높은 집안에서 태어났더라도 이들이 개인적으로 변함없는 명성을 성취하려면 열정 넘치는 노력을 기울이는 수밖에 없다. 땅을 유산으로 물려줄 수는 있어도 지식과 지혜는 유산으로 물려줄 수 없기 때문이다. 부유한 사람이 돈을 주고 사람을 부려 자기 일을 시킬 수는 있어도 다른 사람이 자기를 대신해서 생각하게 하거나 교양을 돈으로 살 수는 없는 노릇이다.

구두 수선공 좌판에서 일을 배운 것 외에 학교라고는 다녀본 적도 없는 드루와 기퍼드, 그리고 대학에 가지 않고 크로마티 채석장에서 일했던 휴 밀러의 경우와 마찬가지로, 어떤 분야에서든 탁월한 경지에 이르려면 열심히 노력하는 것 말고 다른 방도는 없다. 이 원칙은 부유한 환경에서 자란 사람에게도 똑같이 적용된다.

꼭 부유함이나 안락함이 있어야 최고의 교양을 쌓을 수 있는 것은 아니다. 부유한 사람들만 교양을 쌓을 수 있다면 어떻게 이 세상이 시대를 막론하고 한미(寒微)한 출신으로 태어나 성공을 거둔 이들에게 그렇게 큰 빚을 져 왔겠는가. 편안하고 사치스러운 삶에서는 애써 노력하는 자세나 역경을 이겨내려는 태도를 배울 수 없을뿐더러 살아가면서 활력 넘치고 유익한 행동을 하는 데 꼭 필요한 힘을 깨우칠 수도 없다.

사실, 가난은 결코 불행이 아니다. 오히려 가난은 적극적으로 자조의 노력을 기울임으로써 축복으로 바뀔 수도 있고, 세상과 맞서 싸우도록 깨우칠 수도 있다. 비록 그런 싸움에서 한 걸음 물러나 편안함을 구하는 사람도 있겠지만, 올바른 정신과 진실한 마음을 지닌 사람은 그런 싸움에서 오히려 힘과 자신감을 얻고 마침내 승리하게 된다. 그래서 베이컨은 이렇게 말한다. "사람들은 자신이 가진 부도 능력도 제대로 알고 있지 못한 듯하다. 부는 필요 이상으로 지나치게 믿으면서도 자기 능력은 그다지 믿지 않는다. 사람은 자신에 대한 믿음과 극기심을 통해서 자기 물통의 물을 마시고, 손수 만든 달콤한 빵을 먹을 수 있다. 또한 자기 삶을 꾸려나가기 위해서 진심으로 배우고 일하는 법과 자신에게 주어진 좋은 것을 사려 깊게 쓰는 법을 배울 수 있다."

최고의 조력자는 자신이지만,
다른 사람의 도움 역시 중요하다

이 책의 여러 사례가 보여주듯, 스스로 개인적인 근면과 열정을 발휘하는 것만으로도 많은 것을 성취할 수 있다. 하지만 우리가 삶을 살아가면서 다른 사람에게 받는 도움 역시 매우 중요하다는 사실을 인정해야 한다. 시인 윌리엄 워즈워스는 이러한 사실을 잘 지적하고 있다. "비록 서로 모순되는 것처럼 보일지도 모르겠지만 다른 사람에게 의존하는 것과 자기 힘으로 독립하는 것, 즉 다른 사람에게 기대는 것과 자신에게 기대는 것, 이 두 가지는 함께해야 한다."

우리는 모두 아주 어린 시절부터 나이 들어서까지 어느 정도는 타인에게 신세를 지면서 양육과 교육을 받는다. 가장 훌륭하고 강한 이들은 바로 이런 사실을 흔쾌히 인정하고 받아들인 사람 중에 있다.

　고인이 된 프랑스 역사가 알렉시스 드 토크빌의 삶을 예로 들어보자. 토크빌의 아버지는 프랑스의 저명한 귀족이었고, 어머니 역시 프랑스의 유력 정치가였던 말제르브의 손녀로, 토크빌은 친가와 외가가 모두 지체 높은 명문가에서 태어났다. 토크빌은 가문의 막강한 영향력에 힘입어 고작 스물한 살의 나이에 베르사유 재판소의 재판관으로 임명되었다. 하지만 그 자리를 자기 실력으로 공정하게 차지한 게 아니라고 판단했는지, 그는 그 자리에서 사임하고 자기의 앞날을 혼자 힘으로 일궈나가겠다고 결심했다. 이를 두고 '어리석은 결정'이라고 말할 사람도 있겠지만 토크빌은 자기가 마음먹은 바를 과감하게 실행에 옮겼다.

　판사직을 사임하고 나서는 프랑스를 떠나 미국의 여러 지역을 여행했다. 그는 그 여행의 결과를 위대한 저서『미국의 민주주의(Democracy in America)』로 출간했다. 토크빌과 함께 여행했던 친구 귀스타브 드 보몽은 여행하는 동안 토크빌을 지켜보면서 그의 지칠 줄 모르는 부지런함을 이렇게 술회했다. "토크빌은 천성적으로 게으름을 극도로 싫어했다. 여행 중이든 휴식 중이든 그의 정신은 늘 일하고 있었다. … 그에게 가장 기분 좋은 대화는 가장 유익한 대화였고, 최악의 하루는 쓸데없이 시간을 허비한 날이었다. 시간을 잠시라도 허비하면 그는 몹시 언짢아했다."

토크빌은 어느 친구에게 보내는 편지에 이렇게 적었다. "인간은 살아가면서 한시라도 행동을 완전히 멈출 수는 없다네. 외면적인 노력은 말할 나위도 없고 내면적인 노력도 마찬가지로 중요하지. 나이를 먹어갈수록 젊었을 때만큼 큰 노력을 기울일 수는 없겠지만 말일세. 비유하자면, 나는 이 세상을 살아가는 인간이 쉼 없이 더 추운 곳으로 걸어가는 여행자와 같다고 생각하네. 더 북쪽으로 올라갈수록 더 빨리 걸어야 하지. 영혼에 가장 큰 질병은 추위라네. 이렇게 가공할 만한 악에 맞서려면 정신이 끊임없이 활동하게 하고, 평생의 일을 하면서 꾸준히 동료와 접촉해야 한다네."

토크빌은 사람이 자기 힘으로 자립해야 한다는 확고한 생각을 고수했지만, 다른 사람에게 받는 도움과 지원도 중요하며, 모두가 크건 적건 어느 정도는 그런 도움과 지원을 받기 위해 다른 사람에게 신세를 질 수밖에 없다는 점을 누구보다도 기꺼이 인정했다. 그렇기에 그는 종종 친구인 드 케르고를레에게서 받은 지적인 도움과 스토펠에게서 받은 정신적인 도움과 공감에 크게 신세 지고 있다며 감사의 마음을 드러내곤 했다. 토크빌은 드 케르고를레에게 보내는 편지에 이렇게 썼다. "자네는 내가 신뢰하는 유일한 영혼일세. 자네에게 진정 큰 감화를 받았지. 내 행동의 작은 부분에 영향을 끼친 사람이 어디 한둘이겠는가마는, 그래도 내 사상의 바탕과 행동 규범으로 삼을 원칙을 세우는 데 자네만큼 영향을 미친 사람은 없었네."

토크빌은 자신이 아내에게 큰 빚을 지고 있다고 서슴지 않고 털어놓기도 했다. 아내 마리아가 늘 차분한 감정 상태와 올바른 사고방식을 지켜주었던 덕분에 자신이 성공적으로 연구를 수행할 수 있었다는 것이다.

요컨대, 사람의 인격은 수천 가지의 미묘한 영향력, 본보기와 교훈, 삶과 책, 친구와 이웃, 우리가 살고 있는 이 세계를 비롯해 우리에게 훌륭한 언행을 유산으로 남겨준 선조의 정신을 통해 형성된다. 이런 요인들이 인격 형성에 대단한 영향을 미친다는 점은 분명하지만, 사람이 반드시 자기 행복과 덕행을 추구하는 능동적인 행위자가 되어야 한다는 점 또한 분명하다. 다른 사람에게서 제아무리 많은 지혜를 얻고 선행의 도움을 받는다고 하더라도, 세상 돌아가는 일이 그렇듯 자신을 돕는 최고의 조력자는 바로 자기 자신이어야 한다.

Samuel Smiles

천재성이 아닌
성실과 끈기가
성공의 유일한
비결이다

가장 성실하게 일하는 사람이
가장 큰 성공을 거두기 마련이다

　인생에서 가장 큰 업적은 대체로 단순한 수단을 활용하고 평범한 자질을 발휘함으로써 달성되곤 한다. 평범한 일상생활에는 여러 관심사나 필요성, 혹은 의무와 더불어 최고의 경험을 얻을 충분한 기회가 있다.

　인간이 행복에 이르는 길은 근면이라는 오래된 도로를 따라 뻗어 있다. 가장 끈기 있고 가장 성실하게 일하는 사람이 늘 가장 큰 성공을 거두기 마련이다.

　흔히들 "행운의 여신은 눈이 멀었다"고 불평하지만, 인간만큼 눈이 멀지는 않았다. 실생활을 잘 살펴본 사람이라면 알겠지만, 바람과 물결은 가장 훌륭한 항해사의 편이듯 행운의 여신은 언제나 부지런한 사람의 편이다.

인간이 행하는 탐구 가운데 최고의 분야를 따라가다 보면, 상식·주의력·몰입·끈기처럼 평범한 자질이 가장 쓸모 있다. 여기에 천재성은 필요하지 않을지도 모른다. 또한 제아무리 뛰어난 천재라 해도 이런 평범한 자질을 사용하는 일을 업신여기지 않는다. 가장 위대한 사람은 천재적인 능력을 가장 믿지 않는 편이며, 평범한 부류 중에서 성공을 거둔 사람과 마찬가지로 지혜와 끈기를 갖추고 있다. 심지어 천재성을 그저 '강화된 상식' 정도로 정의하는 사람도 있다.

저명한 교육자이자 대학 총장이었던 사람은 "천재성은 노력하는 능력"이라고 말했다. 유명 작가면서 언론인인 존 포스터는 "천재성은 자기 자신의 불을 지피는 힘"이라고 했고, 프랑스의 박물학자 뷔퐁은 "천재성이란 인내력"이라고 주장했다.

뉴턴은 의심할 나위 없이 최고 수준의 정신을 소유한 사람이었지만, 어떻게 그토록 비범한 발견을 해낼 수 있었냐고 질문을 받으면 겸손하게 "항상 그 문제를 생각했기 때문"이라고 대답했다. 언젠가 뉴턴은 자신의 연구 방법에 대해 이렇게 표현하기도 했다. "내 앞에 놓인 과제를 끊임없이 생각하면서, 서서히 동녘이 밝아오다가 세상에 빛이 가득 차 뚜렷해질 때까지 기다렸다."

다른 사람의 경우와 마찬가지로 뉴턴도 그저 꾸준히 몰입하고 끈기를 갖춤으로써 커다란 명예를 얻게 된 것이다. 심지어 여가조차 연구 과제를 바꾸는 시간, 하나의 주제를 내려놓고 다른 주제를 집어 드는 시간으로 사용했다. 뉴턴은 고전학자이자 케임브리지대학교의 트리니티 칼리지 학장이었던 벤틀리 박사에게 "내가 사회에 도움이 되는 어떤 일을 했다면, 그것은 근면함과 끈질긴 사색 덕분"이라고 말했다.

또 다른 위대한 천문학자 케플러도 자신의 연구 활동과 그 성과를 두고 이렇게 말했다. "베르길리우스가 쓴 『아이네이스(Aeineis)』에는 이런 구절이 있다. '소문의 여신 파마는 움직임으로써 강해지고, 나아감으로써 힘을 얻는다.' 나도 마찬가지였다. 이 주제를 부지런히 생각하다 보면 그 생각에 더욱 깊이 빠져들었고, 끝내는 온 정신을 기울여서 그 주제에 매달리게 되었다."

순전히 근면과 끈기만으로 비범한 업적을 이뤄내는 것을 보고, 수많은 저명인사는 과연 천재성이라는 재능이 흔히들 가정하는 것처럼 이례적으로 타고난 것인지 의구심을 품었다. 그래서 프랑스의 사상가 볼테르는 천재와 범재는 종이 한 장 차이일 뿐이라고 말했다. 심지어 이탈리아의 형법학자이자 경제학자인 베카리아는 모든 사람이 시인이자 웅변가일지도 모른다고 말했고, 영국의 미학자이자 초상화가인 조슈아 레이놀즈는 모든 사람이 화가이자 조각가일 수 있다고 말했다.

영국 철학자 로크, 프랑스 철학자 엘베시우스, 프랑스 문필가 디드로는 누구에게나 천재가 될 소질이 있으며, 누군가가 어떤 일을 지성을 통해 해낸다면 비슷한 환경에서 비슷한 활동을 하던 다른 사람 역시 해낼 수 있으리라고 믿었다. 하지만 노력해서 얻은 경이로운 성취를 전적으로 인정하고, 가장 뛰어난 천재들 역시 지칠 줄 모르고 열심히 노력한 사람이었다는 사실을 인정하더라도, 타고난 소질과 지혜가 없다면 아무리 몰입하고 노력한다고 해도 셰익스피어나 뉴턴, 베토벤, 미켈란젤로 같은 사람이 되지는 못한다.

지칠 줄 모르는 끈기를 소유한
사람들이 세상을 바꾼다

영국의 화학자이자 물리학자인 돌턴은 자신이 '천재'라는 세간의 평을 부인하면서 자신이 이뤄낸 모든 업적을 그저 부지런하게 하루하루 쌓아온 결과로 돌렸다. 저명한 외과의인 존 헌터 역시 이렇게 자평했다. "내 마음은 벌집과 같다. 겉으로는 윙윙거리는 소음과 소란이 가득한 것으로 보이지만, 다른 한편으로는 질서와 규칙성 그리고 자연이라는 최고의 보고에서 끊임없는 부지런함을 발휘해서 거둬들인 먹거리로 가득하다."

우리는 위대한 인물의 전기를 한 번 훑어보기만 해도, 뛰어난 발명가나 예술가, 사상가를 비롯해 모든 분야에서 자기 능력을 발휘한 사람들은 지칠 줄 모르는 근면함과 몰입으로 성공을 거두었다는 사실을 단번에 알아차릴 수 있다. 이들은 모든 것을, 심지어 시간마저도 황금으로 바꾼 사람들이다. 정치가 디즈레일리는 성공의 비결은 자신의 과제를 통달하는 데 있으며, 끊임없이 전심전력을 기울여 그 과제를 살펴야만 통달의 경지에 이를 수 있다고 보았다.

따라서 이 세계를 움직인 사람은 대부분 천재가 아니었다. 엄밀히 말해서 이들은 재능은 평범해도 열정적이며, 지칠 줄 모르는 끈기를 소유한 이들이다. 눈부시게 빛나는 재능을 타고 나지는 못했어도 어떤 분야에 몸담고 있든 자기 일에 부지런히 전념한 이들이다.

똑똑하지만 경솔한 아들을 둔 어떤 과부는 아들을 두고서 "아, 저 애는 일을 진득하게 해낼 재능이 없구나"라고 한탄했다. 인생이라는 경주에서 끈기가 부족하고 천성적으로 마음을 쉽게 바꾸는 사람은 우둔하더라도 부지런한 사람에게 뒤처지게 마련이다. 이탈리아에는 이런 속담이 있다. "천천히 가는 사람이 오래, 멀리 간다."

따라서 열심히 일하는 습성을 몸에 익히는 것을 목표로 삼아야 한다. 이런 습성이 몸에 배면 인생이라는 경주도 한결 쉽게 느껴질 것이다. 반복하고 또 반복해야 한다. 재능은 노력하는 만큼 따라온다. 노력 없이는 아무리 간단한 기술조차 익히기 어렵고, 그것이 얼마나 익히기 어려운 일인지를 깨닫게 될 뿐이다.

작고한 로버트 필은 비록 평범한 능력의 소유자였지만 그가 놀라운 능력을 배양해서 영국 의회를 빛낸 걸출한 인물이 된 것은 모두 어린 시절부터 받았던 반복 훈련 덕분이었다. 드레이튼 영지에서 소년 시절을 보낼 때, 아버지는 걸핏하면 식탁 위에 그를 세워놓고 즉석연설을 시켰고, 교회에서 들었던 주일 설교를 기억나는 대로 암송하게 했다. 처음에는 별다른 진전이 없었다. 하지만 끈기 있게 꾸준히 훈련을 해나가면서 주의를 기울이는 습관이 더 강해졌고, 마침내 긴 설교를 거의 처음부터 끝까지 그대로 암송하는 경지에 이르게 됐다. 훗날 의회에서 연이은 반대파의 주장을 능숙하게 맞받아치는 그의 능력은 견줄 자가 없을 정도였다. 그럴 때마다 그는 비범할 정도로 정확한 기억력을 보여주었는데, 사람들은 이런 능력이 어린 시절부터 아버지의 가르침과 훈련으로 터득한 것이라는 사실을 알지 못했다.

가장 평범한 일을 꾸준히 반복함으로써 거두게 되는 효과는 실로 놀랍다. 바이올린을 연주하는 일은 간단해 보일 수 있지만, 연주를 위해서는 얼마나 길고 힘든 연습이 필요한가? 이탈리아의 유명 바이올린 연주자이자 작곡가인 자르디니는 한 젊은이로부터 당신처럼 바이올린을 연주하려면 시간이 얼마나 걸리겠느냐는 질문을 받곤 "매일 12시간씩 20년 내내"라고 답했다.

　노력은 곰도 춤추게 만든다고들 한다. 가난한 무용수가 무대에서 빛을 발하려면 당장은 아무 소득이 없더라도 여러 해 동안 끊임없이 각고의 노력을 기울여야 한다. 이탈리아의 발레리나 탈리오니는 저녁 공연을 준비하면서 아버지로부터 2시간씩 혹독한 훈련을 받고 나서는 기진맥진한 상태로 쓰러지곤 했다. 그럴 때면 다시 정신을 차리도록 옷을 벗기고 목욕 스펀시로 간단히 몸을 씻겨내곤 했다. 저녁 공연에서 그녀가 보여준 민첩함과 도약력은 오로지 그런 대가를 치르고서야 얻어낼 수 있는 결과였다.

희망을 품고 쾌활하게 일하며
참을성 있게 오랜 시간 기다리자

최고의 진전은 느리게 이루어지는 법이다. 위대한 업적은 단번에 성취할 수 있는 것이 아니다. 그렇기에 우리는 마치 한 걸음 한 걸음 걸어가듯 인생에서 서서히 일어나는 발전에 만족해야 한다. 프랑스의 외교관이자 정치 사상가 메스트르는 "기다릴 줄 아는 것이 성공의 가장 큰 비결"이라고 말했다.

수확하려면 먼저 씨를 뿌려야 하고, 희망을 품고서 참을성 있게 오랜 시간 기다려야 한다. 기다릴 만한 가치가 있는 최고의 열매는 천천히 익는 법이다. 동양에는 "시간과 인내가 뽕잎을 비단으로 바꾼다"라는 속담이 있다.

하지만 끈기 있게 기다리려면 쾌활하게 일해야 한다. 쾌활함은 탁월한 실용적인 자질로, 인격에 커다란 융통성을 더해 준다. 어느 주교의 말처럼 "참을성이 기독교 신앙의 9할"이라면, 실천적 지혜의 9할은 쾌활함과 부지런함이다. 그것이 바로 성공뿐만 아니라 행복에도 생명과 영혼을 불어넣어주는 힘이다. 어쩌면 삶에서 가장 큰 기쁨은 명석하고 활기 넘치며 의식적인 노동을 해나가는 것에서 찾을 수 있을 것이다. 열정과 신념을 비롯한 그 밖의 좋은 자질들은 이러한 노동 습관에 달려 있다.

영국의 수필가이자 설교자인 시드니 스미스는 요크셔 주 포스턴 르 클레이 교구에서 목사로 일하면서 비록 자신이 그 일에 알맞은 사람은 아니라고 생각했지만, 최선을 다하겠다고 굳게 결심하고선 즐겁게 일을 해나갔다. 그는 말했다. "나는 그 일을 좋아하기로 마음먹고 내 자신을 그 일에 맞추겠다고 결심했다. 그러는 편이 내 능력에 미치지 못한 일을 맡은 것처럼 행동한다거나 쓰레기처럼 내게 던져진 적막한 이 자리를 놓고 불평을 늘어놓는 것보다 훨씬 사내다운 일이니까 말이다."

후크 박사도 마찬가지였다. 새로운 일거리를 찾아 리즈를 떠나면서 이렇게 말했다. "어디에 있든지 하나님의 가호 아래에서 내 손으로 할 수 있는 일이라면 어떤 일이든 최선을 다하려 한다. 일거리를 찾지 못한다면 만들어내겠다."

특히 공공의 이익을 위해서 일하는 사람은 당장 보상이나 성과가 나타나지 않아 마음이 내키지 않을 수도 있겠지만 오랫동안 끈기 있게 일해야 한다. 씨앗이 겨울 눈 속에 파묻히고 봄이 오기도 전에 씨앗을 뿌린 농부가 영면에 드는 일도 종종 일어난다. 공직자라고 해서 근대 우편제도의 아버지인 롤런드 힐처럼 모두가 생전에 자신의 위대한 생각이 결실을 거두는 모습을 볼 수 있는 건 아니다. 애덤 스미스는 오랫동안 몸담고 있던 우중충하고 오래된 글래스고대학교에 위대한 사회 개혁의 씨앗을 뿌려놓고서 그곳에서 『국부론』의 토대를 닦았다. 하지만 그의 저작이 실질적인 결실을 거두는 데까지 그로부터 70년이 걸렸고, 아직 그 결실을 다 거두어들이지도 못했다.

누군가 희망을 잃었다면 무엇으로도 그 상실을 보상할 수 없다. 희망을 상실하면 인격이 완전히 바뀐다. 위대하지만 불행했던 한 사상가는 이렇게 한탄했다. "희망을 전부 잃었는데 어떻게 일하고 어떻게 행복할 수 있을까?"

희망에 가득 차 있었기에 가장 쾌활하고 용감했던 인물로는 선교사 윌리엄 캐리를 꼽을 수 있다. 인도에서 일할 때, 캐리는 잘난 체하는 사람 셋을 자기 사무원으로 채용했는데 이들은 단 하루 만에 일에 지쳐 나가떨어졌다. 이런 일이 비일비재했지만 정작 캐리는 직원을 교체할 때만 잠시 휴식을 취할 뿐이었다.

제화공의 아들로 태어난 캐리 옆에서 일을 도운 사람은 목수의 아들 워드와 직조공의 아들 마쉬먼이었다. 이들의 노력으로 인도 세람푸르에 큰 대학이 설립되었고, 16개소의 선교 거점이 세워져 크게 성장했다. 성경을 16개 지역 언어로 번역해서 영국령 인도에 자애로운 도덕 혁명의 씨앗을 뿌렸다.

캐리는 자신이 미천한 집안 출신이라는 사실을 부끄러워하지 않았다. 한 번은 총독이 베푼 만찬에서 맞은편에 앉은 장교 한 명이 캐리가 들을 수 있을 만큼 큰 목소리로 다른 장교에게 그가 한때는 제화공이 아니었냐고 물었다. 그러자 캐리는 큰소리로 곧바로 이렇게 응대했다. "아닙니다. 그 밑에서 일하던 구두 수선공이었을 뿐입니다."

소년 시절에 캐리가 얼마나 집념이 강한 아이였는지를 잘 보여주는 일화가 하나 있다. 어느 날 캐리는 나무에 오르다가 발을 헛디뎌 땅에 떨어지는 바람에 다리가 부러졌다. 몇 주 동안 꼼짝도 못 하고 침대에 누워 지내다가 회복되어 남의 도움을 받지 않고 혼자 걸을 수 있게 되자 맨 먼저 한 일이 자기가 떨어졌던 나무에 다시 오르는 일이었다. 평생의 소명인 위대한 선교 사업을 펼쳐 나가려면 이 같은 불굴의 용기가 필요했고, 캐리는 고결하고 단호하게 그 일을 해냈다.

여러 번의 실패로 고통스러워도
불굴의 의지로 기어이 해내자

"누군가 해냈다면 누구든 할 수 있다"는 말은 철학자 조지 영의 좌우명이었다. 그가 스스로 받아들이겠다고 마음먹은 고초에서 한 번도 물러선 적이 없었다. 그가 말을 처음 타러 갔을 때 스포츠맨으로 유명한 바클레이의 손자와 동행했다. 이들 앞에서 달리던 기수가 높은 울타리를 훌쩍 뛰어넘는 걸 보고 그 기수를 따라 하려다가 그만 말에서 떨어지고 말았다. 입을 꾹 닫고서 다시 말에 올라타 시도했으나 이번에도 실패했다. 하지만 이번에는 말의 목을 꼭 붙잡은 덕분에 떨어지지는 않았다. 세 번째 시도에서 마침내 울타리를 뛰어넘는 데 성공했다.

타타르 부족의 티무르가 역경에 처했을 때, 여러 번 실패한 끝에 마침내 집을 짓고야 마는 거미를 보고 '인내'라는 교훈을 얻었다는 사연은 너무나 유명하다.

미국 조류학자 존 오더본이 전하는 일화도 이에 못지않게 흥미롭다.

"사고로 내가 그려놓은 표본 그림 200장이 망가졌을 때, 나는 조류학 연구를 그만두기 직전까지 갔었다. 내가 이 이야기를 전하는 이유는 어느 자연 보호가가 가장 절망적인 역경에 빠졌을 때, 열정—내 인내심을 표현할 다른 말을 찾지 못하겠다—이 그 역경을 얼마나 극복할 수 있게 해주는지를 보여주기 위해서다. 그 당시 나는 켄터키 주의 오하이오 강둑에 자리 잡은 헨더슨 마을에 몇 년째 머물고 있었는데, 볼일이 생긴 탓에 필라델피아로 가게 되었다. 출발 전에 내 표본 그림을 확인하고선 조심스럽게 나무 상자 하나에 담아 친척에게 맡기면서 그림이 절대로 훼손되지 않도록 잘 보살펴달라고 당부했다. 몇 달 뒤에 집으로 돌아온 나는 며칠 동안 집이 주는 안락함을 실컷 만끽하고 나서 내가 맡겼던 상자와 내가 기꺼이 내 보물이라고 불렀던 그림이 잘 있는지 물었다. 그런 다음 상자를 찾아다가 열어보았다. 그런데 쥐 한 쌍이 상자 안을 온통 헤집어놓은 것이 아닌가. 그림을 갉아놓고 종이 사이에 새끼까지 낳아기르고 있었다. 한 달 전까지만 해도 거의 천 마리에 가까운 새가 그려져 있었는데! 독자들도 그때 내 심정이 어땠을지 공감할 수 있을 것이다. 이내 화가 머리끝까지 치밀어 올랐고, 온 신경이 곤두서서 도저히 견딜 수 없었다. 며칠 밤을 내리 잠만 잤다. 망각 상태로 며칠이 지나고 나서야 어떤 본능적인 힘으로 기운을 차리고 다시 움직일 수 있게 되었다. 그제서야 나는 총과 노트와 연필을 챙겨 들고 마치 아무 일도 없었다는 듯이 즐거운 마음으로 숲으로 들어갔다. 지금이라면 예전보다 더 나은 그림을 그릴 수 있을 것 같은 기분이 솟구쳐 올랐다. 그러고는 3년이 채 지나기도 전에 내 화첩은 그림으로 다시 채워졌다."

아이작 뉴턴의 논문이 불에 타버린 일화 역시 유명하다. 뉴턴의 반려견 '다이아몬드'가 책상 위에 놓인 촛대를 쓰러뜨린 바람에 뉴턴이 몇 년 동안 공들여 계산해놓은 결과가 한순간에 잿더미로 변해버리고 말았다. 이 사고가 있고 나서 뉴턴은 너무 상심한 나머지 건강을 크게 해쳤고, 사고력도 예전 같지 않아졌다고 한다.

저명한 역사가 토머스 칼라일의 『French Revolution(프랑스 혁명사)』 제1권 원고에도 이와 비슷한 사고가 일어났다. 칼라일은 문예적 소양이 있는 이웃에게 정독해 보라며 원고를 빌려주었다. 그런데 그 이웃은 원고를 거실 바닥에 놓아둔 채 까맣게

잊고 있었다. 몇 주가 흘러 출판사에서 원고를 넘겨달라고 재촉하자 칼라일은 원고를 돌려받으려고 사람을 보냈다. 여기저기를 찾아보았으나 원고는 발견되지 않았다. 그런데 알고 보니 그 집 가정부가 거실 바닥에 놓인 원고를 폐지 뭉치로 생각하고 가져다가 부엌과 거실에서 불을 피우면서 불쏘시개로 써버렸다는 것이었다.

이런 답변을 듣고서 칼라일이 어떤 심정이었을지 상상할 수 있을 것이다. 하지만 책을 다시 쓰는 것 말고는 다른 방도가 없었다. 결국 마음을 가다듬고 책을 다시 쓰기 시작했다. 초고가 따로 없었던 탓에 기억을 더듬어가며 역사적 사실과 자기의 생각과 표현을 떠올려야 했지만, 이미 기억에서 사라져버린 지 오랜 상태였다. 책을 처음 쓸 때는 즐거운 일이었지만 그 책을 다시 써야 한다니 믿기 어려울 정도로 고통스럽고 괴로운 일이었다. 이런 처지에서 칼라일이 갖은 어려움을 견뎌내며 책을 다시 완성했다는 사실은 무슨 일이 있더라도 뜻한 바를 이루어내겠다는 의지를 보여준 사례로, 좀처럼 넘볼 수 없는 본보기가 되고 있다.

인내라는 자질은
자조를 위한 굳건한 토대이다

　뛰어난 여러 발명가의 삶 또한 인내라는 자질을 탁월하게 보여주는 사례다. 영국의 공학자로 증기기관차를 발명한 조지 스티븐슨은 젊은이에게 연설할 때면, 자신이 젊은이에게 해줄 수 있는 최고의 조언을 이렇게 압축해서 전하곤 했다. "저처럼 하세요. 인내하라는 말입니다." 그는 15년 동안 자신이 만든 기관차를 개량하는 데 온 힘을 기울인 끝에 마침내 레인힐 기관차 시합에서 승리를 거머쥐었다. 제임스 와트 역시 응축 증기기관을 완성하는 데 30년이라는 세월에 걸쳐 심혈을 기울였다.

　인내와 관련해서 과학, 예술, 산업 등 다른 모든 분야에서도 인상적인 사례를 찾아볼 수 있다. 가장 흥미로운 사례로 니네베 비석을 발굴해 오래전에 사라진 설형문자를 발견한 이야기를 꼽을 수 있다.

이 비석에는 화살촉처럼 생긴 문자가 새겨져 있었는데, 마케도니아가 페르시아를 정복했던 시기 이후로 세상에서 사라진 문자였다. 페르시아 케르만샤에 주재하던 동인도 회사 소속의 지적인 한 장교가 인근 지역의 오래된 기념비에 새겨진 기이한 설형문자를 보고 이를 유심히 관찰했다. 너무 오래된 탓에 이 문자를 해명해 줄 역사적 흔적은 하나도 남아 있지 않은 상태였다. 그리고 그가 탁본을 떠놓은 비문 중에는 유명한 베히스툰('비시툰'이라고도 불림 - 옮긴이) 바위에 새겨진 비문도 있었다. 베히스툰 암벽은 지면에서 대략 518미터 높이로 불쑥 솟아 있는 수직 암벽으로, 그 아랫부분에는 약 90미터에 걸쳐 고대 페르시아어, 엘람어, 아카드어 등 세 가지 언어로 비문이 새겨져 있었다.

장교는 이미 알려진 지식과 아직 알려지지 않은 지식을 비교하고 당시까지 살아남은 언어와 이미 사라진 언어를 대조함으로써 설형문자를 조금씩 해독해 나갔고, 해독한 내용을 알파벳으로 옮기기까지 했다. 이 장교의 이름은 헨리 롤린슨이었다.

그는 비문의 탁본을 본국으로 보내 조사를 부탁했다. 그때까지만 해도 대학에는 설형문자를 조금이라도 알고 있는 교수가 전혀 없었다. 하지만 전에 동인도 회사에서 사무원으로 일하다 은퇴한 노리스라는 무명의 인물이 설형문자를 나름대로 연구하고 있었고, 그에게 비문의 탁본이 전해졌다. 다행히 그는 설형문자에 대해 아주 정확히 알고 있었다. 이후 추가적인 대조와 세심한 연구가 이루어지면서 설형문자로 쓰인 글에 대한 지식이 크게 확장되었다.

독학자 두 사람이 터득한 지식을 활용하기 위해서는 이들이 가진 기술을 실행할 수 있도록 그에 필요한 물자를 공급해줄 제3의 인물이 필요했다. 이 일에 자진해서 발 벗고 나선 인물이 오스텐 레이어드였다. 그는 런던에 있는 한 변호사 사무소에서 수습 변호사로 일하고 있었다. 군인과 전직 동인도 회사 직원, 그리고 수습 변호사 이 세 사람이 잊힌 언어와 땅속에 묻힌 바빌론의 역사를 발견해낼 것이라고 기대하는 사람은 거의 없었다. 하지만 이들은 해냈다.

레어드는 유프라테스강 너머에 있는 지역에 가보고 싶다는 열망에 사로잡혀, 불과 스물두 살의 나이에 동방으로 여행을 떠났다. 동료 한 명과 자신을 지켜줄 무기, 쾌활하고 공손하며 정중한 성격이 그가 기댈 수 있는 전부였지만, 그는 서로 치열하게 내전을 벌이고 있던 여러 부족 사이를 아무 탈 없이 통과했다. 몇 년이 지나고 수중에 돈이 거의 남아 있지 않았다. 하지만 열정적인 발굴과 연구를 수행하는 내내 집념과 끈기, 확고한 의지와 목적의식, 극단적이라고 해도 좋을 인내심을 잃지 않았다. 이러한 자질 덕분에 마침내 엄청난 양의 역사적 보물을 발굴해 세상에 드러내는 데 성공했다. 어느 한 사람의 노력으로 수집했다고 보기에는 전례가 없을 정도의 규모였다.

레이어드 덕분에 길이가 무려 3.2킬로미터에 이르는 양각 벽화가 빛을 보게 되었다. 귀중한 이 여러 유물은 현재 대영박물관에 소장되어 있으며, 흥미롭게도 성서에 기록된 3천 년 전의 여러 사건을 입증하는 것으로 밝혀짐으로써 거의 새로운 계시처럼 세상에 알려지게 되었다. 『Monuments of Nineveh(니네베의 기념비)』에서 레이어드가 자신의 입으로 밝히고 있듯이, 유물을 발굴한 이 놀라운 이야기는 앞으로도 한 인간의 모험심과 부지런함, 열정을 담은 아주 매혹적이고 진솔한 기록 가운데 하나로 여겨질 것이다.

꾸준하고 규칙적으로 일하는 것이
자연스런 습관이 되어야 한다

뷔퐁 백작의 생애는 끈기 있는 근면성의 힘과 함께 "천재는 인내일 뿐"이라는 그의 말을 고스란히 보여주는 훌륭한 사례다. 자연사 분야에서 뛰어난 업적을 남겼지만, 어린 시절 그는 그저 평범한 재능을 지닌 아이에 지나지 않았다. 머리를 쓰는 것도 더뎠고, 배운 것을 기억해내는 일도 신통치 않기는 마찬가지였다. 게다가 체질적으로 몸이 둔한 편이었다.

좋은 가문에서 태어났으니 안락함과 사치를 누렸을 것이라고 생각할 수 있지만, 그는 어렸을 때부터 쾌락을 멀리하겠다고 굳게 결심하고 공부와 자기 수양에 매진했다. 시간은 양이 정해진 보물이라고 생각했지만, 아침마다 늦잠을 자느라 몇 시간씩 허비하고 있다는 생각이 들자 이런 나쁜 습관에서 벗어나겠다고 마음먹었다.

한동안 이런 나쁜 습관에서 벗어나려고 부단히 애를 썼는데도 도저히 자신이 정한 시간에 일어나지를 못했다. 그러다가 하인 조세프에게 도움을 청하기에 이르렀다. 그는 조세프에게 6시 전에 자신을 깨우면 그때마다 은화 한 닢을 주겠다고 약속했다.

처음에는 조세프가 깨워도 일어나지 않았다. 몸이 아프다고 핑계를 대거나 성가시게 군다고 화내는 척을 하기 일쑤였다. 마침내 백작이 자리에서 일어났을 때도, 돈을 벌기는커녕 주인이 내린 명령을 어기고 그냥 자게 내버려두었다고 꾸지람만 들었다. 결국 하인은 이럴 바엔 은화나 벌어야겠다는 마음으로 계속해서 뷔퐁을 억지로 흔들어 깨웠고, 뷔퐁이 애원하고 타이르고 당장 쫓아내겠다고 협박해도 막무가내였다.

어느 날 아침에 뷔퐁은 여느 때와 달리 완강하게 버텼고, 그러자 극단적인 수단을 쓸 수밖에 없다고 생각한 조세프는 침대보를 걷고 얼음물이 든 대야를 부어버렸다. 그 효과는 곧바로 나타났다. 이런 방법을 계속 쓴 결과, 뷔퐁은 마침내 나쁜 습관을 이겨냈다. 뷔퐁은 자기가 쓴 자연사 서너 권은 모두 조세프 덕분이라고 입버릇처럼 말하곤 했다.

뷔퐁은 이후 40년 동안 매일 아침 아홉 시에서 오후 2시까지 책상에 앉아 일을 했고, 저녁이 되면 다시 오후 5시에서 7시까지 일을 했다. 꾸준하고 규칙적으로 일하는 것이 습관이 되었다. 뷔퐁의 전기 작가는 그에 대해 이렇게 말했다. "그에게 일은 필수품이었고, 연구는 인생의 마법이었다. 영광으로 가득한 삶이 말년에 다다랐을 무렵, 그는 입버릇처럼 몇 년만 더 연구에 몰두할 수 있다면 좋겠다고 말하곤 했다."

그는 아주 꼼꼼한 사람이었고 늘 독자에게 최고의 생각을 가장 훌륭하게 표현된 글에 담아 전달하고자 노력했다. 그는 자신의 문체가 거의 완벽하다는 소리를 들을 수 있도록 지치지 않고 자기가 쓴 글을 다듬고 또 다듬었다. 무려 50년을 매달려왔던 작품이지만, 『Epoches de la Nature(자연의 신기원)』을 집필하면서 자기 마음에 들 때까지 무려 열한 번이나 원고를 다듬었다.

그는 철두철미하게 일하는 사람이었고, 모든 일을 체계적으로 처리했다. 그는 천재에게 아무 규칙도 없다면 제 능력의 4분의 3을 잃어버린 꼴이라고 말하곤 했다. 그가 작가로서 큰 성공을 거둔 것은 대체로 뼈를 깎는 노력을 기울이고 부지런히 몰두한 결과였다. 당대에 유명했던 살롱 주인 마담 네케르는 이렇게 전했다. "뷔퐁은 평소 천재란 특정 주제에 깊은 관심을 쏟은 결과라고 생각했다. 초고를 끝내면 기진맥진하지만 이미 어느 정도 완벽한 수준에 도달했다는 생각이 들더라도, 억지로라도 마음을 다잡고 다시 초고를 들여다보면서 검토를 거듭한다고 했다. 이렇게 오랫동안 정성을 들여가며 교정하는 과정에서 마침내 피곤함을 느끼기는커녕 즐거움을 느낀다는 것이다."

뷔퐁이 위대한 저서를 집필하고 출간하는 동안 인체에 가장 큰 고통을 주는 병에 걸려 투병하고 있었다는 사실을 꼭 덧붙여야겠다.

내가 알고 있는 것이라곤
내가 아무것도 모른다는 사실뿐이다

　문인의 삶도 끈기의 힘을 보여주는 사례를 풍부하게 보여준다. 아마 이런 점에서 시인 월터 스콧의 일생만큼 우리에게 교훈을 주는 사례는 없을 것이다.

　놀라울 만한 그의 근면함은 법률 사무소에서 일하면서 단련된 것이었다. 법률 사무소에서 스콧은 여러 해 동안 문서를 필사하는 단조롭고 지루한 일을 맡았다. 일상의 따분한 일과 중에서 가장 달콤한 시간은 온전히 자기만의 것인 저녁 시간이었고, 보통 이 시간에 독서와 연구에 매진했다. 그는 평범한 문필가라면 부족할 것이라 여겨지는 꾸준하고 진지하며 성실하게 글을 써나가는 습관이 들은 이유가 자신이 법률 사무소에서 단조로운 일을 처리하면서 단련되었기 때문이라고 털어놓았다.

필사의 대가로 한 장당 3페니를 받았지만 초과 근무를 할 때는 24시간 동안 120장 분량을 필사해 30실링을 벌기도 했다. 그렇게 번 돈으로 평시 수입이라면 엄두도 내지 못했을 희귀 서적을 사들이기도 했다.

만년에 스콧은 스스로 실무에 능한 사람이라고 자부했다. 그는 천재성과 평범한 삶의 의무에 대한 혐오 사이에는 아무 관계도 없다고 단언했다. 오히려 반대로 그는 매일 적정한 시간을 사무적인 일에 할애한다면 더 높은 능력을 갖추는 데 좋다는 견해를 가지고 있었다.

훗날 그가 에든버러 최고 민사 법원에서 서기로 일하는 동안, 주로 아침 식사 전에 문학을 공부하고 낮에는 법원에 출근해서 각종 등록증과 서류를 공증하는 업무를 처리했다. 비평가이자 전기 작가인 록하트는 스콧을 전반적으로 이렇게 평가했다. "그의 삶에서 가장 눈에 띄는 특징이 한 가지 있다면 그가 가장 왕성하게 문학적 경력을 쌓아가던 시기 내내 적어도 매년 절반 정도에 이르는 많은 시간을 들여가면서 직업적인 의무를 성실히 이행했다는 점이다."

일을 해서 생계를 꾸려야지, 문학으로 생계를 꾸리려 해서는 안 된다는 게 스콧이 스스로 세워놓은 행동의 원칙이었다. 스콧은 언젠가 이렇게 말한 적이 있다. "나는 문학이 내게 목발이 아니라 지팡이여야 하고, 문학 활동을 통해서 벌어들인 수익은 되도록 생활비로는 쓰지 않겠다고 마음먹었다."

'시간 엄수'는 그가 가장 공들여 갈고 닦은 습관 가운데 하나였다. 그런 습관이 없었다면 그가 그렇게 방대한 양의 문학 활동을 감당하지 못했을 것이다. 스콧은 편지를 받고서 조사가 필요하거나 심사숙고해야 할 경우가 아니라면 그날 중으로 답장을 보내는 것을 원칙으로 삼았다. 그런 원칙이 없었다면 그의 착한 성격을 호된 시험에 들게 할 정도로 물밀듯 쏟아져 들어오는 편지에 일일이 답장을 보내는 일은 불가능했을 것이다.

매일 새벽 5시에 일어나서 손수 불을 지피는 게 그의 습관이었다. 면도하고 옷을 갖춰 입고 나서 아침 6시까지 책상 앞에 앉아 있었다. 원고는 그의 앞에 가지런히 정돈되어 있었고, 참고서적은 바닥에 그를 에워싸듯 놓여 있었으며, 쌓아놓은 책 너머로 반려견 한 마리가 그를 바라보며 앉아 있었다. 그의 일은 가족이 아침 9시에서 10시 사이에 아침 식사를 위해 모일 때까지 이어진다. 그의 말을 빌리자면, 그때쯤이면 그날 일과 중에서 가장 힘든 부분을 이미 끝마친 상태였다.

하지만 성실함과 지칠 줄 모르는 부지런함, 그리고 여러 해

동안 끈기 있게 노력한 결과로 엄청난 학식을 얻었음에도 스콧은 자기 능력에 대해서는 아주 겸손하게 이야기했다. 언젠가 그는 이렇게 말했다. "나는 인생을 살아오면서 매 순간 내 자신의 무지함에 시달렸고 그 때문에 힘들어했다." 이것이 바로 진정한 지혜이자 겸손이다. 사람은 아는 것이 많아질수록 자만심이 줄어드는 법이니까 말이다.

트리니티 칼리지에 다니던 어느 학생이 자신의 담당 교수를 찾아가 '공부를 마쳤으니' 이제 그의 곁을 떠나겠다고 말하자, 그 말을 들은 교수는 이런 말로 현명하게 그 제자를 꾸짖었다. "이런, 나는 이제 겨우 시작했네만."

수박 겉핥기식으로 잡다한 지식을 얻었지만 제대로 아는 것이라곤 무엇 하나 없는 얄팍한 사람은 자신의 재능에 자부심을 느끼겠지만, 현자는 겸손하게 이렇게 고백한다. "내가 알고 있는 것이라곤 내가 아무것도 모른다는 사실뿐이다." 뉴턴도 자신은 해변에 널려 있는 조개껍데기를 줍고 있을 뿐이며 자기 앞에 진리라는 거대한 바다가 전혀 탐사되지 않은 채 놓여 있다고 말하지 않았던가.

평범한 재능의 소유자라도
인내를 실천하면 비범해진다

조지프 흄은 평범한 재능의 소유자였지만, 뛰어난 근면성과 나무랄 데 없이 공명정대한 목적의식을 함께 지닌 사람이었다. '인내'를 인생의 좌우명으로 삼고 그대로 실천했다.

그가 아주 어렸을 때 아버지가 돌아가시자 어머니는 몬트로즈에 작은 가게를 차리고 갖은 고생을 다해가며 가족을 부양해, 자식을 남부럽지 않게 키워냈다. 어머니는 조지프를 한 외과의 밑에 수습생으로 집어넣고 의학 공부를 하게 했다.

그는 학위를 받고 나서 선상 의사로 몇 차례 인도를 다녀왔고, 그 후에는 동인도 회사에서 근무할 사관후보생 자격을 얻었다. 누구보다도 열심히 일하고 절제력을 발휘하며 생활한 덕분에 여러 상사로부터 자신이 맡은 임무를 훌륭히 수행할 능력을 갖춘 사람이라는 신임을 얻게 되었고, 그러면서 차근차근 더 높은 지위로 승진했다.

1803년에는 파월 장군 예하의 사단에 배속되어 마라타 전쟁에 참전했다. 통역 장교가 사망하자 그동안 현지 언어를 배워 막힘없이 구사할 수 있었던 흄이 그 자리를 맡게 되었다. 다음에는 의료진의 책임자가 되었다. 하지만 이 정도로는 자기 능력을 발휘하기에 모자르다는 듯이 경리부장과 우편부장의 자리까지 추가로 맡아 수행하면서도 그 빈 자리를 충분히 메웠다. 또한 병참부와 군대는 물론이거니와 자신에게도 이득이 되는 납품 계약을 맺었다. 10여 년 동안 부단히 일을 한 대가로 큰 재산을 모아 영국으로 돌아왔다. 귀국하고 그가 맨 처음 한 일은 가난한 친지를 보살피는 일이었다.

하시만 흄은 빈둥거리면서 자기 노력의 결실을 누릴 사람이 아니었다. 그가 안락함과 행복을 누리려면 일과 직업이 있어야 했다. 조국이 지금 실제로 어떤 상태에 있고 국민이 어떤 여건에서 살아가는지 정확히 보고 느끼기 위해서 당시 제조업으로 꽤 유명세를 누리고 있던 영국의 도시를 모두 방문했다. 이후 여러 나라를 여행하면서 외국에 대한 지식을 얻기도 했다.

그는 영국으로 돌아와서 1812년에 의회에 진출했고, 잠시 공백기가 있기는 했지만 34년 동안 의정 활동을 이어나갔다. 그의 첫 의정 연설은 공교육 문제를 다룬 것이었고, 그 후로도 존경받을 만한 의정 활동을 펼쳤다. 활동 내내 공교육 문제를 비롯해 형사 제도 개혁, 저축 은행 제도, 자유 무역, 재정 절약과 긴축, 투표권 확대 등 국민의 생활 여건을 개선하는 데 도움이 될 그 밖의 여러 문제에 대해 진지하고도 적극적인 관심을 기울였고, 이 법안들을 통과시키기 위해 지칠 줄 모르는 노력을 기울였다.

그는 어떤 과제를 맡든 온 힘을 다해 일했다. 뛰어난 연설가는 아니었을지 모르지만, 세상은 그의 말은 정직하고 확고하며 정확한 사람의 입에서 나온 말이라고 받아들였다. 사회 개혁가 섀프츠베리가 말했듯 조소가 진실을 시험하는 시금석이라면, 흄은 그 시험을 꿋꿋이 치러냈다.

흄만큼 비웃음을 많이 받은 사람도 없지만, 그 와중에도 끝까지 그리고 말 그대로 자신의 본분을 지켰다. 표결에서 지는 일이 다반사였지만 그가 발휘했던 영향력이 느껴졌고, 심지어 그의 제안이 부결되는 상황에서도 수많은 재정적 개선을 이루어냈다.

그가 일을 완수하려고 얼마나 노력을 기울였는지를 보면 참으로 놀랄 만하다. 매일 아침 6시에 일어나 편지를 쓰고 의회에 제출할 문서를 작성했다. 아침 식사를 마치고 나면 업무와 관련된 사람을 만났는데, 오전에만 스무 명을 만나는 일도 비일비재했다. 그러면서도 의회에 출석하지 않는 일은 거의 없었고, 토의가 새벽 2~3시까지 지루하게 이어져도 표결에 불참하는 일은 거의 없다시피 했다.

달이 바뀌고 해가 바뀌고 내각이 여러 번 바뀌는 와중에도 그 오랜 시간 동안 많은 경우에 거의 홀로 싸우면서 때로는 투표에서 이기기도 하고 지기도 했으며 때로는 비웃음거리가 됐음에도, 모든 방해 요소를 견뎌내고 침착한 태도를 유지하고 절대로 열정과 희망을 놓치지 않았다. 자신의 수많은 제안이 박수갈채를 받으며 채택되기를 기대하며 살아간 그의 삶은 인간의 인내력이 얼마나 내단한 것인지를 보여주는 가장 뛰어난 본보기라 할 것이다.

Samuel Smiles

아무리 사소한 것이라도
소홀히 다루지
말아야 한다

꾸준하고 성실히 일에 전념하며
사소한 일을 가장 세심하게 개선하자

우연이 인생에서 위대한 업적을 낳는 일은 거의 없다. 과감한 모험으로 이른바 '행운의 한 방'을 날리는 일도 이따금 일어나긴 하지만, 꾸준히 근면하게 일에 전념하는 평범한 길이야말로 유일하게 안전한 행로다.

풍경화가 윌슨은 정해진 정확한 방법으로 그림을 그리다가 거의 완성됐다 싶을 때, 긴 막대기 끝에 연필을 끼워 들고 그림에서 몇 걸음 물러서서 그림을 찬찬히 살펴본 후, 느닷없이 그림에 다가가 대담하게 몇 군데 가필해서 그림을 훌륭하게 마무리하곤 했다고 한다. 하지만 그림을 그려보겠다는 희망을 품고서 캔버스에 붓을 던져본들 누구나 그런 효과를 얻을 수 있는 것은 아니다. 이렇게 마지막에 결정적인 가필을 할 수 있는 능력은 오로지 평생을 노력해야 얻을 수 있는 것이다. 평소에 주의 깊게 수련 과정을 거치지 않은 화가가 붓질 한 번으로 멋진 효과를 내려고 애써봤자 그림에 오점만 남길 가능성이 크다.

꼼꼼하게 주의를 기울이고 부지런히 노력하는 자세야말로 진정한 노력가의 특징이다. 위인은 '사소한 일을 우습게 보는' 사람이 아니라 그런 사소한 일을 가장 세심하게 개선해가는 사람이다.

어느 날 미켈란젤로는 자기 화실을 다시 찾은 방문객에게 지난번 그가 다녀간 후 자신이 조각상에 어떤 작업을 하고 있었는지 이렇게 설명했다. "이쪽은 다시 손질하고, 저쪽은 매끄럽게 다듬었습니다. 이쪽은 얼굴 윤곽을 부드럽게 다듬었고 저쪽은 근육이 두드러지게 만들었지요. 여기 입술에 좀 더 표정을 더했고 저기 팔다리에는 더 생동감을 주었습니다." 그러자 손님이 이렇게 대꾸했다. "사소한 손질만 하신 거군요." 이에 미켈란젤로가 이렇게 대답했다. "그럴지도 모르겠군요. 하지만 그렇게 사소한 것들이 모여야 작품이 완성됩니다. 완성이란 결코 사소한 일이 아니지요."

프랑스 화가 니콜라스 푸생은 "무엇이든 할 만한 가치가 있는 일이라면 잘할 만한 가치도 있다"는 말을 행동의 신조로 삼았다고 전한다. 말년에 친구 비널 드 마르빌이 이탈리아 화가가 많은데 그들 사이에서 그렇게 높은 명성을 얻을 수 있었던 비결이 무엇인지 묻자, 푸생은 단호한 어조로 이렇게 대답했다. "아무리 하찮은 것이라도 소홀히 다루지 않았으니까."

세간에는 우연히 발견했다고 여겨지는 것들이 있지만, 자세히 들여다보면 그런 발견에 우연한 것이라곤 거의 없다는 점을 알게 된다. 대체로 우연은 그저 천재가 주의를 기울여 활용한 기회였을 뿐이다. 뉴턴의 발치에 떨어진 사과는 어떤 발견에 우연한 성격이 있음을 보여주는 증거로 언급되곤 한다. 하지만 뉴턴은 이미 몇 년째 온 힘을 다해 끈질기게 중력이라는 문제를 연구하고 있었기에, 그의 생각은 온통 이 문제에 쏠려 있었다. 그의 눈앞에서 사과가 떨어지는 상황은 오직 천재만이 포착할 수 있는 상황이었고, 당시 그의 시야를 열어줌으로써 눈부신 발견이 머리에 번뜩이게 해준 계기가 되었을 뿐이다.

토머스 영도 마찬가지였다. 보통 사람의 눈에야 '사소한 것은 공기만큼 가벼운' 것으로 보였겠지만, 영은 흔한 담배 파이프에서 선명한 색상의 비눗방울이 나오는 현상을 보고 아름다운 '간섭' 이론에 착안했고, 이는 빛의 회절에 관한 발견으로 이어졌다.

흔히들 짐작하기에 위인은 오로지 위대한 것만 다루리라 여기겠지만, 뉴턴이나 영 같은 사람은 아무리 눈에 익고 단순해 보이는 사실이더라도 그 의미를 통찰할 준비가 '이미' 되어 있었다. 이들의 위대함은 그러한 사실을 지혜롭게 해석했다는 점에 있다.

사람들은 관찰력에서 상당한 차이를 보인다. 어느 러시아 속담은 관찰력이 없는 사람을 두고 이렇게 말한다. "숲을 지나가면서도 땔감을 보지 못한다." 솔로몬은 또 이렇게 말했다. "지혜로우면 제 앞이 보이고 어리석으면 어둠 속을 헤맨다." 시인이자 비평가인 새뮤얼 존슨은 이탈리아에 막 돌아온 세련된 신사에게 이렇게 말한 적이 있다. "유럽을 여행하는 사람보다 햄스테드 극장에서 더 많은 걸 배우는 사람이 있을 겁니다."

우리는 사물을 눈으로 보지만 정신으로 보기도 한다. 생각 없는 사람은 아무것도 보지 못하고 있을 때 지적인 안목을 갖춘 사람은 눈앞에 나타난 현상의 본질을 꿰뚫어보고선 세심하게 차이점에 주목하고 비교함으로써 그 바탕에 놓인 원리를 깨닫는다.

갈릴레오 이전에도 많은 사람이 매달린 추가 일정한 박자에 맞춰 좌우로 흔들리는 모습을 보았지만, 그 사실에 담긴 가치를 처음으로 간파한 사람이 갈릴레오다. 피사 대성당의 관리인이 천장에 매달린 등에 기름을 다시 채워넣은 다음 손을 떼자 등이 좌우로 흔들렸다. 당시 열여덟 살이던 갈릴레오는 이 현상에 주목하고선 시간을 측정하는 데 이 현상을 적용하면 되겠다는 생각을 떠올렸다. 하지만 진자의 발명을 완료하기까지 연구하고 노력하면서 무려 50년이라는 세월이 흘렀지만, 시간 측정과 천문학 계산에서 이 발명품의 중요성은 아무리 강조해도 모자람이 없다.

네덜란드의 안경 제조업자인 한스 리페르세이가 나소의 모리스 백작에게 진상한 도구로 멀리 있는 물체를 보면 그 물체가 가까워 보인다는 말을 우연히 접한 갈릴레오는 직접 그 현상의 원인을 밝혀내 망원경을 발명했고, 이것이 근대 천문학의 시발점이 된 것 또한 마찬가지이다. 그가 별 관심 없이 사물을 보는 사람이나 그저 남의 말을 아무 생각 없이 듣기만 하는 사람이었다면 이와 같은 발견은 불가능했을 것이다.

성공을 거두는 비결은
작은 것을 세밀히 관찰하는 자세다

새뮤얼 브라운은 해군 대위로 복무하던 시절, 자기가 살고 있던 마을 인근의 트위드강에 큰돈을 들이지 않고도 다리를 놓을 방법을 찾느라 교량 건축을 연구하고 있었다. 이슬이 내린 어느 가을 아침, 그는 정원을 거닐다가 그가 지나가는 길에 가로로 매달려 있는 작은 거미집 하나를 보게 되었다. 순간, 거미집처럼 쇠줄이나 쇠사슬을 연결해서 다리를 만들 수 있겠다는 생각이 머리에 퍼뜩 떠올랐고, 그 결과 현수교를 발명했다.

제임스 와트도 마찬가지였다. 강바닥이 고르지 않은 클라이드강 아래에 송수관을 설치할 방법을 찾아달라는 청탁을 받고서 고심하는 중에, 하루는 탁자 위에 놓인 바닷가재 껍질이 눈에 들어왔다. 와트는 그 껍질을 본떠 강철관을 발명했고, 이 강철관을 설치하자 문제가 효과적으로 해결되었다.

영국의 공학자인 이점바드 브루넬도 템스강에 터널을 만들면서 작은 배좀벌레조개로부터 최초의 아이디어를 얻었다. 브루넬은 이 작은 생명체가 단단히 무장된 머리로 나무에 구멍을 뚫기 위해서 이쪽저쪽에 구멍을 내서 아치형 통로를 만든 다음, 일종의 니스 같은 물질을 천정과 양쪽 측면에 바르고 이 작업을 더 큰 규모로 똑같이 반복하는 모습을 지켜보았다. 이를 본떠 방패틀(터널이나 광산 갱도를 파면서 붕괴를 방지해 작업자를 보호하는 틀-옮긴이)을 제작했고, 이를 활용해 위대한 공학적 업적을 이뤄냈다.

이처럼 사소해 보이는 현상에도 가치를 부여하는 것이 바로 주의 깊은 관찰자가 가진 지성적인 안목이다. 콜럼버스는 배 주변을 떠다니는 해초처럼 사소하기 그지없는 물체를 보고선 육지에 다다랐음을 공표했으며, 이로 인해 육지를 발견하지 못했다고 원망하며 선상 반란을 꾀하던 선원의 소요를 가라앉힐 수 있었고, 그토록 찾기를 열망했던 신세계가 멀지 않았다는 확신을 줄 수 있었다.

사소하다고 해서 잊어버려도 좋을 일 따위는 없다. 아무리 사소한 사실이더라도 주의 깊게 해석하면 어떤 식으로든 쓸모가 있다. 저 유명한 '앨비언의 백악질 절벽'이 현미경으로나 봐야 볼 수 있을 만큼 작은 벌레가 쌓이고 쌓여 만들어졌으며 산호섬으로 바다를 아름답게 수놓은 것도 같은 부류의 작은 생명체라고 그 누가 상상인들 했을까! 그리고 그렇게 엄청난 결과가 극히 미세한 활동에서 비롯된 것임을 안다면 그 누가 감히 작은 것의 위력에 의문을 제기할 수 있을까!

사업이든 예술이든 과학이든 인생의 모든 방면에서 성공을 거두는 비결은 바로 작은 것을 세밀히 관찰하는 자세다. 인간의 지식은 여러 세대에 걸쳐 만들어진 작은 사실이 쌓이고 쌓여 만들어진 것에 불과하며, 단편적인 지식과 경험이 조심스레 쌓여 마침내 거대한 피라미드로 성장한다. 처음에는 이런 사실과 관찰 결과가 대부분 별다르게 중요하지 않은 것처럼 보일지 몰라도, 결국에는 모두 나름대로 궁극적인 쓸모가 있고 제자리를 찾기 마련이다.

겉보기에 현실과 동떨어져 뜬구름 잡는 듯한 사색조차 알고 보면 가장 실질적인 결과를 낳는 바탕이 되곤 한다. 고대 그리스 기하학자인 페르가의 아폴로니우스가 발견한 원뿔곡선 기하학은 2천 년이 흐른 뒤에야 천문학의 토대가 되었다. 천문학 덕분에 근대의 항해자는 하늘을 보며 자신의 위치를 알아내서 길을 잃지 않고 미지의 바다를 헤치고 정해진 항구로 아무 탈 없이 나아갈 수 있다. 무지한 관찰자에게는 쓸데없는 짓으로 보였겠지만 수많은 수학자가 선과 면의 추상적 관계를 그토록 오랜 세월 동안 붙들고 씨름해오지 않았다면 지금 우리가 사용하는 기계 발명품 대부분은 빛을 보지 못했을 것이다.

벤저민 프랭클린이 번개와 전기의 정체를 발견했을 때 세간에서는 그를 비웃으며 "도대체 그걸 어디에 쓰나요?"라고 물었다. 그러자 프랭클린은 이렇게 대답했다. "그러면 아이는 대체 어디에 쓰죠? 하지만 언젠가는 어른이 되겠죠."

이탈리아의 의사이자 물리학자였던 갈바니가 개구리의 양쪽 다리에 서로 다른 금속을 가져다 대면 다리가 꿈틀거린다는 사실을 발견했을 때, 겉보기에 하찮은 사실이 중요한 결과를 낳을 것이라고는 그 누구도 상상하지 못했을 것이다. 하지만 이 발견에는 여러 대륙을 하나로 묶어줄 전신의 싹이 숨어 있었고 머지않아 '온 세상을 뒤덮게' 될 터였다. 마찬가지로 돌과 화석 조각이 지질학을 성립시키고 광업을 운영하는 토대를 제공하며 막대한 자본 투자로 수많은 사람에게 일자리를 제공할 수 있었던 것은 지적인 해석이 있었기 때문이다.

광산에서 물을 퍼 올리고 제분소와 공장을 돌리며 증기선과 기관차를 움직이는 거대한 기계도 마찬가지로 열로 팽창한 작은 물방울이라는 보잘것없는 힘을 동력원으로 사용한다. 증기라고 불리는 이 힘은 끓는 주전자 주둥이에서 나오는 것과 똑같지만 이를 정교하게 고안된 기계 안에 가둬두면 수백만 마력의 힘을 발휘한다. 그래서 거센 물살을 헤쳐 나아갈 수 있으며, 심지어 태풍조차 무시할 정도의 힘을 가지게 된다. 지구 내부에서도 똑같은 힘이 작용해 수많은 화산과 지진을 일으킴으로써 지구의 역사에서 엄청난 역할을 해 왔다.

기회를 포착하고 우연한 사건을
특정한 목적에 맞춰 이용하라

영국의 귀족인 서머셋 우스터 후작은 반역 혐의로 런던탑에 간혀 있을 때, 눈앞에서 주전자에 담긴 물이 끓으면서 꽉 닫혀 있던 뚜껑이 들썩거리는 모습을 보고 우연히 '증기력'이라는 문제에 관심을 가지게 되었다. 후작은 자신이 관찰한 결과를 『Century of Inventions(발명의 세기)』라는 책으로 펴냈는데, 이 책은 한동안 증기력을 연구하는 사람에게는 일종의 교과서 노릇을 했다. 사바리나 뉴커먼을 비롯한 여러 사람이 그 원리를 응용해 실제로 증기기관을 만들고, 와트가 글래스고대학교에 있던 뉴커먼식 증기기관의 수리를 요청받았을 때까지 말이다.

이런 우연한 상황은 와드에게는 기회였다. 곧바로 개량 작업에 들어갔고, 평생을 매달린 끝에 증기기관을 완성해냈다. 기회를 붙잡고 우연한 사건을 특정한 목적에 맞춰 이용하는 기술이야말로 성공의 위대한 비결이다.

새뮤얼 존슨은 천재성을 "크지만 평범한 힘을 지닌 정신이 우연히 특정 방향을 향하도록 정해진 것"이라고 정의했다. 스스로 자기 길을 찾겠다고 마음먹은 사람은 늘 기회를 충분히 찾을 것이다. 그런 기회가 제 손에 잡히지 않으면 스스로 기회를 만들어낼 것이다.

과학이나 예술 분야에서 빛나는 업적을 이룬 사람은 대부분 대학이나 박물관이나 공공 미술관이 주는 혜택을 누린 이들이 아니었고, 가장 위대한 기계 기술자나 발명가도 기계 연구소에서 교육받은 이들이 아니었다. 발명의 어머니는 '어떤 기관에서 교육받았는지'보다 '필요'인 경우가 훨씬 흔하다. 모든 학교 중에서 위인을 가장 많이 배출한 곳은 '역경'이라는 학교였다.

아주 훌륭한 장인이라도 가장 형편없는 도구로 작업한 경우가 있다. 하지만 누군가를 장인으로 만드는 것은 도구가 아니라 스스로 갈고닦은 기술과 인내력이다. 서툰 일꾼은 연장만 나무란다는 유명한 속담도 있지 않은가.

어떤 사람이 유명한 초상화가인 오피에게 물감을 어떻게 배합했길래 그렇게 멋진 작품을 그려낼 수 있는지 물었다. 오피는 이렇게 대답했다. "선생님, 물감을 제 머리하고 섞는 겁니다." 탁월한 기량을 뽐냈던 다른 장인도 이와 다르지 않다.

스코틀랜드의 천문학자 제임스 퍼거슨은 흔하디 흔한 주머니칼로 시간을 정확히 측정하는 시계처럼 놀라운 물건을 만들어 내곤 했다. 이런 주머니칼은 누구나 가질 수 있지만 그렇다고 아무나 퍼거슨이 되지는 못한다. 화학자 조지프 블랙은 물이 담긴 냄비 하나와 온도계 두 개로 잠열(어떤 물체가 온도 변화 없이 상태가 변할 때 방출되거나 흡수되는 열로, '숨은열'이라도 함-옮긴이)을 발견했다. 뉴턴은 프리즘 1개, 렌즈 1개, 두꺼운 판지 1장만으로 빛의 구성과 색의 원리를 밝혀냈다.

어느 외국의 유명 석학이 울러스턴 박사를 방문해 수많은 발견으로 과학계에 크게 공헌한 그의 실험실을 보여달라고 요청한 적이 있다. 그러자 박사는 그 석학을 작은 서재로 데리고 가서 탁자 위에 올려진 낡은 차 쟁반을 가리키면서 "이게 내 실험실 전부요"라고 말했다. 쟁반에는 시계 접시 몇 개와 시험용지, 작은 저울과 취관 1개가 놓여 있을 뿐이었다.

스토더드는 나비의 날개를 세밀히 관찰해 색을 배합하는 기술을 익혔다. 그는 종종 자신이 이 작은 곤충에게 얼마나 큰 빚을 지고 있는지 아무도 모를 것이라고 말하곤 했다. 화가인 윌

키에게는 불에 탄 막대기와 헛간 문짝이 연필과 캔버스나 다름 없었다. 판화가 토머스 뷰익은 처음 그림 연습을 할 때 고향 마을의 오두막 벽을 분필로 그린 스케치로 가득 채웠고, 미국 태생의 화가 벤저민 웨스트는 첫 번째 붓을 고양이 꼬리털로 만들었다.

천문학자 퍼거슨은 한밤중에 몸을 담요로 감싸고 들판에 누워 작은 구슬이 달린 실을 펼쳐놓고 천체도를 그렸다. 프랭클린은 비단 손수건에 2개의 막대기를 가로질러 만든 연으로 뇌운에서 번개를 훔친 최초의 인물이 되었다. 와트는 해부 전에 동맥에 약물을 주입하는 데 사용되었던 낡은 주사기로 첫 번째 응축 증기기관 모형을 만들었다. 기퍼드는 구두 수선공의 도제로 일하면서 두드려서 평평하게 만든 작은 가죽 조각 위에 수학 문제를 풀었고, 천문학자 리튼하우스는 자신의 쟁기 손잡이에 일식과 월식 주기를 계산했다.

매일 허비되는 자투리 시간을
요령껏 활용해야 한다

와트는 수학 도구를 제작하는 일을 하면서 화학과 기계학을 독학했고, 스위스 염색업자에게 독일어도 배웠다. 스티븐슨은 기관사로 일하면서 야간조 근무 시간에는 수학과 측량법을 독학했고, 낮에는 식사 시간으로 주어진 휴식 시간에 짬을 내서 석탄 운반차 옆면에 분필 쪼가리로 수학식 계산을 적어 내려가곤 했다.

돌턴의 근면함은 평생 몸에 밴 습관이었다. 그는 소년 시절부터 일을 시작했으며, 불과 열두 살에 작은 마을 학교에서 아이들을 가르쳤다. 겨울에는 학교에서, 여름에는 아버지 농장에서 일했다.

그는 퀘이커교도 집안에서 자랐지만, 때로는 친구들과 내기를 해서 서로의 공부를 독려하기도 했다. 한 번은 문제를 제대로 푼 덕분에 겨울 한 철 동안 쓸 양초를 다 살 수 있을 만큼 돈을 따기도 했다. 임종 하루 이틀 전까지 멈추지 않고 기상 관측을 이어나갔고, 이렇게 평생 관측한 기록이 무려 20만 점에 이른다.

끈기만 있다면 자투리 시간을 활용해서 커다란 가치가 있는 성과를 만들어낼 수 있다. 매일 사소한 일로 허비되는 1시간을 요령껏 활용하면 능력이 평범한 사람이라도 과학 한 분야쯤에는 통달할 수 있다. 이렇게 하면 아무리 무지한 사람이라도 10년이 채 되기도 전에 박식한 사람이 될 것이다.

아무런 성과도 거두지 못한 채로 시간을 흘려보내선 안 된다. 배울 가치가 있는 지식은 습득하고, 훌륭한 원칙을 몸에 익히며, 좋은 습관을 강화해 나가야 한다.

메이슨 굿 박사는 환자를 왕진하기 위해 마차를 타고 런던의 거리를 오가는 시간에 고대 로마의 시인 루크레티우스의 시를 번역했다. 에라스무스 다윈 박사도 마차를 몰고 시골집을 전전하면서 미리 준비해둔 종이쪽지에 떠오른 생각을 적어두는 식으로 자신의 저작을 구상했다. 매튜 해일은 순회 재판을 위해 여행하는 동안 『Contemplations(묵상록)』을 저술했다. 음악가

찰스 버니 박사는 직업상 말을 타고 음악을 배우는 학생의 집을 여기저기 돌아다녔는데, 이동 시간을 활용해 프랑스어와 이탈리아어를 배웠다. 커크 화이트는 변호사 사무실까지 걸어서 출퇴근하는 시간 동안 그리스어를 배웠다. 소년 시절에 맨체스터 거리에서 편지를 전하는 일을 하면서 라틴어와 프랑스어를 배워 마침내 높은 자리에 오른 사람도 있다.

프랑스의 위대한 대법관 중 한 사람이었던 다게소는 자투리 시간을 꼼꼼하게 활용했는데, 식사가 나오는 그 사이사이 시간에 두툼하고 재기 넘치는 책을 써냈다. 프랑스의 작가이자 교육가인 드 장리 부인은 자신이 매일 가르치는 공주를 기다리는 시간을 활용해 매력적인 책 여러 권을 펴냈다.

미국의 언어학자 엘리후 버리트는 자신이 자기 계발에 성공할 수 있었던 이유는 자신이 인정하지 않는 자신의 천재성 때문이 아니라 그저 이른바 '자투리 시간'이라고들 하는 소중한 토막 시간을 꼼꼼히 잘 활용했던 덕분이라고 털어놓았다. 그는 생계를 꾸리느라 대장간에서 일하면서도 18종의 고대어와 현대어, 그리고 22종의 유럽 방언에 정통했다.

신중하게 판단해서 시작하고,
절대 중간에 그만두지 않는다

영국의 외과의사인 존 헌터는 '아르고스의 눈(그리스 신화에 나오는 괴물로, 전신에 무수한 눈을 갖고 있었다고 전해짐-옮긴이)'을 가졌다는 말을 종종 들었을 만큼 관찰력이 예리했다. 그의 인생은 꾸준한 노력의 힘을 보여주는 너무나도 좋은 사례다.

헌터는 스무 살이 될 때까지 교육을 거의 받지 못했던 탓에 읽고 쓰는 방법을 익히는 데 어려움을 겪었다. 그는 한동안 글래스고에서 평범한 목수로 일하다가 이후 런던에 정착한 형 윌리엄과 함께 살게 된다. 당시 윌리엄은 런던에서 강사이자 해부학 실습 교수로 일하고 있었다. 존은 형의 해부실에 조수로 들어갔는데 이내 형을 앞지르게 되었다. 타고난 능력이 뛰어나기도 했지만 끈기 있게 일에 전념하고 지칠 줄 모르는 부지런함을 보인 결과였다.

헌터는 영국 최초로 비교 해부학 연구에 열성적으로 헌신한 사람이었으며, 그가 해부 실습으로 모은 자료를 훗날 저명한 오웬 교수가 정리하는 데만 10년 이상의 세월이 걸렸다. 그가 모은 이 자료에는 2만여 점의 표본이 들어 있고 지금까지 한 인간의 노력만으로 수집된 것 가운데 가장 값어치 있는 보물이나 다름없다.

헌터는 매일 아침 해가 뜰 때부터 저녁 8시까지 박물관에서 지내면서 온종일 광범위한 개인 진료를 보고 세인트 조지 병원의 외과의이자 군대의 부의감(副醫監)이라는 직무를 수행하면서 학생을 상대로 강의를 진행했으며 자신의 집에서 실용 해부학 교실을 운영했다. 그 와중에도 짬을 내서 동물의 조직을 실험하고 과학적으로 중요한 책을 여러 권 썼다.

그는 이렇게 엄청난 양의 일을 하기 위해서 밤에 4시간, 저녁 식사 후에 1시간을 자는 게 전부였다. 언젠가 그는 자기 일에서 확실히 성공을 거둔 비결이 무엇이냐는 질문을 받고 이렇게 대답했다. "내 원칙은 일을 시작하기 전에 우선 그 일이 실행 가능한지 신중하게 생각해보는 것이다. 만약 실행할 수 없다면 시도하지 않는다. 하지만 실행할 수 있는 일은 내가 충분히 노력하기만 하면 해낼 수 있다. 그리고 일단 시작하면 그 일을 끝낼 때까지 절대 중간에 그만두지 않는다. 내 성공은 바로 이런 원칙을 지킨 덕분이다.”

헌터는 그동안 지극히 사소한 것으로 치부되던 문제에 관해 많은 시간을 들여 정확한 사실 정보를 수집했다. 당대의 많은 사람은 그가 사슴뿔의 생장 연구에 골몰하는 모습을 보고선 그가 시간과 사고력을 낭비하고 있다고 생각했다. 하지만 헌터는 어떤 과학적 지식도 정확하기만 하다면, 연구할 가치가 있다고 굳게 믿었다.

헌터는 사슴뿔의 생장에 관한 연구를 통해 동맥이 어떻게 스스로 환경에 적응하면서 필요에 따라 확장되는지를 알아냈다. 그렇게 얻은 지식을 토대로 세동맥에 발생한 동맥류 사례에서 대담하게 대동맥을 묶어 환자의 생명을 구했다. 헌터 이전에는 어떤 외과의도 대동맥을 묶는 수술을 시도해볼 엄두조차 내지 못했다. 그는 다른 독창적인 사람들처럼 남모르게 땅을 파서 기초를 다지는 데 오랜 시간을 들였다.

그는 주변으로부터 공감이나 인정이라는 위안을 얻지 못해도 자기 길을 꿋꿋이 걸어 나가는 고독하고 자립적인 천재였다. 당대의 사람 중에서 그가 궁극적으로 추구하는 목표가 무엇인지를 아는 사람은 거의 없었다. 하지만 진정한 일꾼이 모두 그렇듯, 그는 타인보다 자기 자신에게 좌우되는 최고의 보상, 즉 양심의 인정을 받는 데 실패하지 않았다. 이런 보상은 곧은 마음의 소유자가 자기 의무를 정직하고 열정적으로 수행하면 반드시 따른다.

역경 속에서도 성공을 거두는 비결은
오직 끈기와 열정이다

독일 출신의 천문학자인 윌리엄 허셜도 과학 분야에서 끈기의 힘을 보여주는 주목할 만한 사례다.

그의 아버지는 독일 태생의 가난한 음악가였고 아들 네 명모두 자신처럼 음악가로 키웠다. 허셜은 음악가로서의 성공을 꿈꾸며 영국으로 건너왔고, 더럼 민병대의 군악대에 들어가 오보에를 연주했다. 그가 배속된 연대는 동커스터에 주둔하고 있었는데, 여기에서 그가 바이올린을 기가 막히게 연주한다는 소문을 듣고 찾아온 밀러 박사와 친분을 쌓게 되었다.

젊은 허셜과 이야기를 나눈 밀러 박사는 그가 무척 마음에 들었고, 민병대에서 나와 당분간 자기 집에서 지내면 어떻겠냐고 권했다. 그렇게 허셜은 동커스터에 머무는 동안 주로 연주회에서 바이올린을 연주하는 일을 하면서 시간이 남을 때는 틈틈이 밀러 박사의 서재에서 공부했다.

얼마 뒤, 핼리팩스 교구의 교회에 새 오르간이 설치되면서 연주자를 모집하자 허셜은 그 자리에 지원해서 연주자로 뽑혔다. 예술가로서 떠돌이 생활을 이어가다가 로마 시대부터 온천으로 유명했던 바스시에 매료되었다. 허셜은 이 도시의 온천장 악대의 일원으로 일하면서 옥타곤 예배당의 오르간 연주자로 생활하기도 했다.

그러다가 천문학 분야에서 최근 이루어진 몇 가지 발견에 마음을 빼앗기면서 그의 마음속에서 강렬한 호기심이 깨어났다. 그는 친구에게서 60센티미터짜리 그레고리 방식의 반사 망원경을 빌렸다. 과학에 흠뻑 매료된 이 가난한 음악가는 망원경을 하나 사야겠다고 생각하고선 런던의 광학기구 제조업자에게 문의했으나 가격이 너무 비쌌다. 그래서 허셜은 망원경을 직접 만들어야겠다고 마음먹었다.

반사 망원경이 어떤 것이고 이 기구에서 가장 중요한 부품인 오목 금속 거울을 만드는 데 어떤 기술이 필요한지를 아는 사람이라면 망원경을 만드는 일련의 작업이 얼마나 어려울지 짐작할 수 있을 것이다. 그럼에도 허셜은 길고 힘든 작업 끝에 마침내 초점거리 1.5미터짜리 반사 망원경을 만드는 데 성공했고, 이 망원경으로 토성의 고리와 위성을 만족스럽게 관측할 수 있었다.

그는 여기에 만족하지 않았다. 초점거리가 2.1미터, 3미터, 심지어 6미터에 이르는 망원경을 잇달아 제작했다. 2.1미터짜리 망원경을 만들면서 그는 망원경에 적용할 적정한 배율의 금속 거울 하나를 만들기 위해 시험 삼아 200개가 넘는 거울을 만들기도 했다. 이 일화는 허셜이 얼마나 끈기 있고 부지런한 인물이었는지를 극명하게 보여준다.

자신이 만든 망원경으로 천체를 관측하면서도 온천장을 찾는 상류층 단골을 상대로 오보에 연주를 하며 생계를 이어 나갔다. 천체 관측에 얼마나 빠져 있었던지 연주 막간에 휴식 시간이 생기면 연주장을 벗어나 망원경을 잠시라도 들여다봐야 마음을 놓고 다시 오보에를 연주할 수 있었다. 이런 노력으로 허셜은 천왕성을 발견했고, 그 궤도와 공전 속도를 꼼꼼히 계산해서 그 결과를 왕립 협회에 제출했다.

한미한 출신의 오보에 연주자가 일약 무명에서 유명인 반열에 올라서게 되었다. 허셜은 머지않아 왕실 천문학자로 임명되었고, 조지 3세의 후원을 받으면서 평생 영예로운 지위에 머물

렀다. 그는 무명 시절부터 남달랐던 품성 그대로 온유하고 겸손하게 명예를 받아들였다. 온화하지만 끈기 있는 인물이었던 허셜은 역경 속에서도 성공을 거두어 유명해진 과학의 사도였고, 위인전의 역사를 통틀어 다시 찾아보기 힘든 인물이었다.

Samuel Smiles

4장

강건한 의지와 용기로
가치 있는 목적을
추구하자

내가 믿는 것이라곤
오로지 내 육체와 영혼의 힘뿐이다

나이 든 어느 고대 북유럽인이 한 것으로 전해지는 유명한 말이 있다. 그의 말은 튜턴족의 전형적인 기질을 고스란히 드러낸다. "나는 우상도 악마도 믿지 않는다. 내가 믿는 것이라곤 오로지 내 육체와 영혼의 힘뿐이다."

"길을 찾지 못하면 길을 만들 것이다"라는 좌우명이 새겨진 곡괭이 모양의 고대 문장(紋章)은 북유럽인의 후손까지 이어지고 있는 특징인 확고한 독립심을 나타내는 표현이다. 사실 망치를 든 신만큼 북유럽 신화의 특징을 잘 보여주는 것도 없을 것이다.

사람의 성격은 작은 일에서 드러난다. 심지어 망치를 휘두르는 방식처럼 약간의 시험만 해봐도 그 사람의 힘을 어느 정도

가늠해볼 수 있다. 그래서 유명한 어느 프랑스인은 친구가 어떤 지역에 땅을 사서 그곳에 정착하겠다고 하자 그 지역에 사는 주민의 특징을 간단히 이렇게 표현했다. "그곳에 땅을 사려거든 잘 생각해보게나. 그 지역 사람에 대해서는 내가 좀 알거든. 파리에 있는 우리 수의과 대학에 오는 그 지역 학생은 당최 공부를 열심히 하지 않아. 힘도 없고 말이야. 그러니 거기에 투자하면 별 재미를 보지 못할 거야."

이 사려 깊은 관찰자는 그곳 사람의 성격을 예리하고 정확하게 평가한 것으로, 나라를 부강하게 만들고 자기가 경작하는 땅의 가치를 높여주는 게 바로 개개인이 지닌 힘이라는 사실을 놀랍도록 분명하게 보여주고 있다.

프랑스에는 이런 속담이 있다. "땅이 좋고 나쁘고는 땅 주인에게 달렸다." 이러한 자질을 갈고 닦는 일은 매우 중요하다. 결연한 의지로 가치 있는 목적을 추구하는 것이야말로 진정으로 위대한 인격의 토대가 된다.

의지력은 모든 행동의 자극제가 되고, 모든 노력에 영혼을 부여한다

사람은 활력이 있어야 지루하고 고된 일과 무미건조한 잡일을 버텨낼 수 있고, 인생의 고비마다 위로 그리고 앞으로 나아갈 수 있다. 활력은 실망감과 위험을 넘어서게 하며, 천재성보다 더 많은 것을 성취한다. 추구하는 어떤 일에서든 성공을 거두는 데 필요한 건 뛰어난 재능이 아니라 목적의식이다. 성취하려는 힘만으로는 안 되며, 지치지 않고 끈기 있게 노력하려는 의지가 있어야 한다.

그렇기에 의지력은 한 인간의 성격에서 가장 중심이 되는 힘으로 정의될 수 있을 것이고, 한마디로 그 인간 자체라고 할 수 있다. 의지력은 모든 행동의 자극제가 되고 모든 노력에 영혼을 부여한다. 진정한 희망이란 의지력에 바탕을 둔 희망이요,

희망이야말로 삶에 진정한 향기를 불어넣는다.

배틀 수도원에는 "희망은 나의 힘"이라는 멋진 문구가 새겨져 있는 망가진 투구 하나가 있다. 누구나 자기 인생의 좌우명으로 삼을 만한 문구다. 구약 외경 중 〈집회서〉에는 이런 말씀이 있다. "마음 약한 자에게 화가 있을지니."

강건한 마음을 가진 것보다 더한 축복은 없다. 비록 실패했더라도, 최선을 다했다고 생각한다면 결과를 만족스럽게 받아들일 수 있을 것이다. 힘든 삶 속에서도 인내심을 가지고 고난과 맞서 싸워 고귀한 승리를 거둔 사람, 그리고 발에서 피가 나고 팔다리를 가누기 힘들어도 용기를 잃지 않고 꿋꿋이 걸어가는 사람을 지켜보는 것만큼 힘을 북돋워주고 아름다운 일은 없을 것이다.

용기를 갖고 일하지 않으면
어떤 가치 있는 일도 해낼 수 없다

소망과 바람이 있어도 곧바로 행동으로 실현되지 않으면 그저 젊은이의 마음을 병들게 할 뿐이다. 일단 훌륭한 목표를 세웠으면 한눈팔지 않고 곧바로 밀어붙여야 한다. 삶이 어떤 여건에 놓여 있더라도 고역과 수고를 최고이자 가장 바람직한 수련의 기회로 알고 기꺼이 감수해야 한다.

네덜란드 태생의 프랑스 화가 아리 셰퍼는 이렇게 말했다. "몸과 마음을 다해 노력하지 않으면 인생에서 어떤 결실도 얻을 수 없다. 분투하고 또 계속 분투해 나가는 것, 그것이 인생이다. 그런 점에서 나는 전력을 다해서 내 인생을 살았다. 하지만 정당한 자부심을 담아 감히 말하건대 그 무엇도 내 용기를 꺾지 못했다. 정신적으로 말하자면, 강한 정신과 고귀한 목적이 있다면 누구든 뜻하는 바를 이룰 수 있다."

휴 밀러는 자신을 제대로 가르친 유일한 학교는 고난과 역경이었다고 말하며, "고난과 역경은 엄하지만 훌륭한 스승이었던, 세상이라는 학교"였다고 말했다. 전념하기 망설이거나 하찮은 핑계를 대며 자기 일을 게을리하는 사람은 궁극적인 실패로 향하는 확실한 길로 들어선다. 어떤 일이든 피할 수 없는 일로 받아들이면 이내 그 일을 기꺼운 마음으로 즐겁게 해낼 수 있게 된다.

스웨덴 국왕 카를 9세는 젊은 시절에도 의지의 힘을 굳게 믿는 사람이었다. 그는 어려운 일을 맡게 된 막내아들의 머리에 손을 얹고서 이렇게 외쳤다. "너는 해낼 것이다! 분명 해낼 것이다."

다른 습관도 그렇지만 전념하는 습관도 때가 되면 쉬워진다. 따라서 가진 능력이 비교적 평범한 사람이라도 한 번에 한 가지씩 온 힘을 다해 지치지 않고 전념하면 정말 많은 것을 이룰 수 있다.

정치가 파월 벅스턴은 "네 손이 하려고 찾은 일이 무엇이든 있는 힘을 다해 일하라"는 성서의 가르침을 따라 능력은 평범할지라도 전력을 다하면 성공할 수 있다고 믿었으며, 자신이 인생에서 성공하게 된 이유를 '한 번에 하나씩 전력을 다하는 사람이 되려는' 습관 덕으로 돌렸다.

용기를 갖고 일하지 않으면 우리는 어떤 가치 있는 일도 해낼 수 없다. 사람은 시련과 마주할 때 주로 우리가 노력이라고 부르는 의지의 적극적인 분투를 통해서 성장한다. 겉보기엔 실행 불가능해 보여도 실현되는 경우가 얼마나 흔한지 알게 되면 그저 놀라울 뿐이다. 강렬한 기대 자체가 가능성을 현실로 바꿔놓는다.

그러므로 우리의 욕망은 흔히 우리가 해낼 수 있는 일의 전조다. 반대로 소심하게 머뭇거리면 모든 것이 불가능하다. 그저 모든 것이 불가능하게 보이니까 말이다. 어느 프랑스군 장교는 자기 숙소 주변을 산책하면서 이렇게 외쳤다고 전한다. "나는 프랑스 육군 원수이자 위대한 장군이 될 것이다." 그에게 열렬한 욕망은 성공의 전조였다. 그 젊은 장교는 훗날 훌륭한 지휘관이 되었고 세상을 떠날 때는 프랑스 육군 원수였으니 말이다.

방향성이 없는 의지는
그저 지조나 고집에 지나지 않는다

어떤 사람이 되겠다고 마음을 먹든 어떤 행동을 하겠다고 마음을 먹든 그 일을 할 수 있게 해주는 것은 의지, 바로 목적의식의 힘이다. 한 성인은 곧잘 이렇게 말했다. "그대가 무엇이든 그대가 원하는 대로 된다. 우리가 진지하고 진실하게 어떤 존재가 되기를 바라든 그렇게 만들어 주는 것은 바로 신의 뜻과 일치하는 우리 의지의 힘이기 때문이다. 신의 말씀에 따르고 인내하며 겸손하고 관대한 사람치고 자신이 바라는 대로 되지 않은 사람은 없다."

어느 날 한 목수는 평소보다 더 공을 들여 치안판사의 의자를 고치고 있었다. 누군가 그 이유를 물었더니 이렇게 대답했다고 한다. "훗날 내가 여기 앉게 될 때 편했으면 해서요." 뜻밖의 대답이었지만, 훗날 그 목수는 정말로 치안판사가 되어 바로 그 의자에 앉게 되었다.

논리학자가 의지의 자유에 관해 어떤 이론적 결론을 내리든, 개인은 각자 실제로 스스로 선악을 선택할 자유가 있다고 생각한다. 사람은 물살이 흐르는 대로 흘러가는 물 위의 지푸라기에 불과한 존재가 아니라 헤엄을 칠 수 있는 강력한 능력이 있는 존재다. 스스로 물살을 헤치고 나아가면서 자신이 원하는 대로 크게 방향을 바꿀 수도 있는 능력이 있다는 말이다.

우리 의지를 절대적으로 제약할 수 있는 것은 없으며, 마치 마법의 주문에 걸린 듯 우리 행동은 그 어떤 구속도 당하지 않는다. 의지를 자신의 것이라 여기지 않는다면 탁월해지려는 욕망은 아무짝에도 쓸모가 없어질 것이다.

가정의 규칙과 사회적 약속과 공공 제도를 비롯해 삶에서 벌어지는 모든 일과 행동은 '의지가 자유'라는 실제적인 신념을 바탕으로 이루어진다. 이런 확신이 없다면 책임감이 어디 있을까? 그리고 가르치고 충고하고 설교하고 질책하고 교정하는 이 모든 일에 무슨 쓸모가 있을까? 법을 지킬지 지키지 않을지는 각자가 판단한다는 것이 보편적 사실이듯, 보편적 신념이 없다면 법에 무슨 쓸모가 있을까?

양심은 삶의 순간순간마다 우리 의지가 자유롭다고 선언한다. 의지만이 온전히 우리 자신의 것이며 의지를 옳은 방향으로 사용할지, 아니면 그른 방향으로 사용할지는 전적으로 우리 개개인에게 달려 있다.

습관이나 유혹은 우리의 주인이 아니다. 우리가 습관이나 유혹의 주인이다. 설령 습관이나 유혹에 굴복하는 순간에도 양심은 우리가 저항할 수 있다고 말한다. 우리가 습관이나 유혹을 다스리겠다고 마음먹기만 하면, 이를 위해 필요한 것이라곤 우리가 발휘할 수 있는 결단력이면 충분할 것이다.

프랑스의 성직자이자 저술가인 라므네는 언젠가 방탕한 한 젊은이에게 이렇게 말한 적이 있다. "자네도 이제 스스로 결정을 내려야 할 나이가 되었네. 지금처럼 방탕하게 살다 보면 어느새 자기 손으로 판 무덤에 들어가 비석을 치울 힘도 없어 끙끙거리게 될 테지. 우리 안에서 가장 쉽게 습관을 들일 수 있는 게 바로 의지라네. 그러니 강하고 단호하게 의지를 발휘하는 법을 배우게나. 흔들리는 삶을 붙들어 더 이상 자네 삶이 메마른 낙엽처럼 바람이 부는 대로 이리저리 굴러다니지 않도록 하란 말일세."

벅스턴에게는 젊은이가 굳게 결심하고 그것을 지킨다면 많은 일이 자기 뜻대로 이루어지리라는 믿음이 있었다. 그는 아들에게 보내는 편지에서 이렇게 말했다. "너도 이제 삶의 방향을 정해야 할 나이가 되었구나. 원칙과 결심 그리고 정신력을 네가 입증해 보여야 할 때란다. 그렇지 않으면 게으름에 빠져 종잡을 수 없고 무능한 젊은이의 습관과 품성을 지니게 되거든. 그런 상태에 빠지면 다시 일어서기가 쉽지 않다는 걸 알고 있겠지. 젊은이는 대체로 자기가 맘대로 살고 싶어 하지. 나도 그랬으니까. 내가 누리는 행복과 성공은 내가 네 나이 때 마음을 고쳐먹은 결과야. 네가 진정으로 열정적이고 부지런히 살겠다고 결심한다면, 그런 결심을 했고 그 결심에 따라 살만큼 네가 현명한 사람이었음을 평생 기뻐하며 살아가게 될 거란다."

방향성이 없는 의지는 그저 지조나 고집에 지나지 않기에 모든 것이 올바른 방향과 동기에 달려 있음은 분명하다. 감각의 향락을 좇으면 강한 의지는 악마가 되고 지성은 그저 천박한 노예로 전락하지만, 좋은 것을 좇으면 강한 의지는 왕이 되고 지성은 최고의 행복을 관장하는 신하가 된다.

지식이나 식견에 선함이 없다면 악의 원칙이 구현된 것에 불과하다

"뜻이 있는 곳에 길이 있다." 이 속담은 진부할지 몰라도 진실을 담고 있다. 어떤 일을 하겠다고 결심하고 그 결심으로 장애물을 넘는 사람은 반드시 성공을 거두고 만다. 해낼 수 있다고 생각하면 거의 그렇게 된다. 무엇인가를 성취하겠다는 결심만 있으면 성취한 것과 다름없다. 따라서 진지한 결심에는 전지전능한 힘이 담긴 것처럼 보이는 경우가 많다.

러시아 장군 알렉산드르 수보로프의 장점도 바로 의지력에 있었다. 굳센 의지를 지닌 사람이 대개 그렇듯, 수보로프 역시 의지는 하나의 원칙이라고 설파했다. 그는 실패한 사람에게 이렇게 말하곤 했다. "의지력만 있으면 해낼 수 있네."

프랑스의 정치가 리슐리외나 나폴레옹처럼 그의 사전에 '불가능'이라는 말은 없었다. 그는 '몰라' '못해' '불가능해' 같은 말을 가장 혐오했고, 늘 '배워라' '실행하라' '시도해보라' 같은 말을 외치곤 했다. 그의 전기 작가는 그를 두고서, 인간이라면 최소한 누구나 품고 있을 재능의 싹을 열정적으로 계발하고 실행하면 어떤 일을 이뤄낼 수 있는지를 보여준 훌륭한 본보기라고 평했다.

나폴레옹이 좋아했던 격언 중에 "진정한 지혜는 단호한 결단력"이라는 말이 있다. 그의 삶은 단호하지만 부도덕한 의지가 무엇을 성취할 수 있는지를 생생하게 보여주었다. 그는 자기가 하는 일에 몸과 마음의 힘을 모두 쏟아부었다. 우둔한 통치자와 이들이 다스리는 나라가 연이어 그의 앞에 무릎을 꿇었다. 나폴레옹은 알프스가 프랑스 군대 앞을 가로막아 전진할 수 없다는 말을 듣자 "넘지 못할 알프스는 없다"고 말했다. 그러고는 예전에는 접근할 수조차 거의 없던 지역에 생플롱 고갯길을 뚫어버렸다. 그는 이렇게 말했다. "불가능이란 바보들의 사전에서나 찾아볼 수 있는 단어다."

나폴레옹은 지독한 일벌레였다. 때로는 한 번에 네 명의 부관이 기진맥진할 정도로 부려 먹기도 했다. 그는 자신은 물론이거니와 그 누구도 쉽게 내버려두는 법이 없었다. 그의 영향력은 다른 사람을 독려하고 그들에게 새로운 생명력을 불어넣었다. 그는 이렇게 말하기도 했다. "나는 진창에서 장군들을 만들어냈다."

하지만 모두 부질없는 일이었다. 나폴레옹의 지나친 이기심이 자신뿐만 아니라 조국 프랑스까지도 패망시켰으니 말이다. 그가 축출되자 프랑스는 무정부상태가 되었다. 나폴레옹의 삶은 아무리 열성적으로 발휘되었더라도 선한 의도가 없는 권력은 권력자 자신은 물론이거니와 그를 따르는 사람 모두에게 치명적이며, 지식이나 식견에 선함이 깃들지 않으면 그것은 그저 악의 원칙이 구현된 것에 불과할 뿐임을 보여준다.

그에 비하면 웰링턴 장군은 훨씬 위대한 사람이다. 결단력이나 고집이나 끈기도 남 못지않았지만, 자제력이 강하고 올바른 양심의 소유자였으며 무엇보다도 진정으로 애국심이 강했다. 나폴레옹의 목표는 '영광'이었지만, 웰링턴의 좌우명은 넬슨 제독과 마찬가지로 '의무'였다. 웰링턴은 자신이 보낸 보고서에서 단 한 번도 '영광'이라는 말을 쓰지 않았다고 한다. '의무'라는 말을 종종 쓰기는 했지만, 요란하게 공언하지는 않았다.

아무리 어려움이 크더라도 웰링턴은 당황하거나 겁먹지 않았다. 넘어야 할 장애물이 높을수록 그의 열정도 강해졌다. 그가 인내심과 군건한 의지와 확고한 결의로 이베리아 반도 전쟁에서 사람을 미치게 만드는 괴로운 상황과 엄청난 난관을 견뎌낸 것은 역사에서 찾을 수 있는 가장 숭고한 일로 손꼽힐 만하다.

웰링턴은 에스파냐에서 장군으로서의 천재적인 능력과 함께 정치가로서의 폭넓은 식견을 보여주었다. 타고난 성격 자체는 극도로 화를 잘 내는 편이었지만, 철저한 의무감으로 화를 자제했기에 주위 사람이 보기에 그의 인내심은 거의 끝이 없는 것처럼 보였다.

그의 위대한 인격은 야망이나 탐욕 혹은 그 밖의 저급한 욕망에 더럽혀지지 않았다. 개성이 강한 사람이었지만, 그는 매우 다양한 재능을 보여주었다. 장군으로는 나폴레옹에 비견할 만했고, 인도 총독 로버트 클라이브만큼이나 민첩하고 열정적이면서 과감했다. 또한 정치가로서는 크롬웰만큼 현명했고 워싱턴만큼 순수하고 고결했다. 위대한 웰링턴은 그 무엇도 무너뜨리지 못할 꿋꿋함과 숭고한 용기, 그리고 어쩌면 그보다 더 숭고한 인내심을 능숙하게 엮어냄으로써 힘겨운 전쟁에서 승리를 거두었고, 그런 승리를 바탕으로 오래도록 이어질 명성을 남겨놓았다.

신속하게 행동해야 할 때를 놓치면
불행에 기회를 주게 된다

활동력은 대개 기민함과 결단력으로 나타난다. 여행가 레드 야드는 아프리카 협회로부터 언제쯤 아프리카로 출발할 준비를 마칠 수 있겠냐고 질문을 받자 그 자리에서 이렇게 대답했다. "내일 아침이면 됩니다."

프로이센의 육군 원수 블뤼허는 워낙 기민해서 프로이센 군내에서 '진격의 원수'라는 별명을 얻었다. 훗날 세인트 빈센트 백작이 된 존 저비스 제독은 언제 승선할 수 있는지 질문을 받자 이렇게 대답했다. "지금 바로!" 인도 주둔군 사령관으로 임명된 콜린 캠벨도 언제 출병할 수 있는지 질문을 받자 "내일!"이라고 대답했고, 이는 이후 그가 거둘 성공의 전조였다.

흔히 전투를 승리로 이끄는 것은 신속한 결정과 적의 실수를 즉각적으로 이용하는 것과 같은 기민한 행동이기 때문이다. 나폴레옹은 이렇게 말했다. "아르콜라에서 나는 기병 스물다섯 명만으로 전투에서 승리했다. 적이 지친 틈을 타서 전군 진격 나팔을 불었고 이 한 줌밖에 안 되는 병력으로 승리를 거두었다. 양쪽 군대는 적군과 마주치면 서로에게 겁을 주려고 애쓰는 집단이다. 적이 공포에 사로잡히면 그 순간을 최대한 활용해야 한다." 그는 또 이렇게 말하기도 했다. "때를 놓치면 불행에 기회를 주게 된다." 그는 오스트리아군이 때의 중요성을 알지 못했기 때문에 패배했다고 단정해서 말했다. 오스트리아군이 꾸물대는 틈에 나폴레옹이 이들을 무너뜨렸다.

담력, 강인함, 인내가 있으면
인생의 모든 전투에서 승리할 수 있다

영국의 군인인 찰스 네이피어도 비범한 용기와 결단력을 지닌 또 다른 인물이다. 인도 주둔군 사령관 시절, 그는 언젠가 전투 중에 자신이 처했던 어려움에 대해서 털어놓으면서 이렇게 말했다. "전투를 치르면서 내 발이 점점 더 수렁으로 끌려 들어갔다."

그는 미아니 전투에서 역사에 남을 뛰어난 전과를 올렸다. 그는 유럽인이 고작 400여 명 포함된 2천 명의 병력을 이끌고 무장이 잘 갖춰진 강력한 벨루치 병력 3만 5천 명과 맞붙었다. 언뜻 보기에는 무모하기 짝이 없는 작전이었지만, 그는 자기 자신과 자기 병사를 믿었다. 네이피어의 부대는 벨루치 진영의 중앙을 돌파해 높은 언덕 비탈의 방어선까지 진격했고 장장 3

시간에 걸쳐 목숨을 건 치열한 전투를 벌였다. 수적으로 절대 열세였지만 네이피어의 행동에 감동한 병사들은 영웅적으로 싸웠다. 20대 1의 싸움이었지만 벨루치족은 적의 기세를 꺾지 못하고 퇴각했다.

군인의 전투는 물론 인생의 모든 전투에서 승리하려면 이런 담력과 강인함, 그리고 결연한 인내가 있어야 한다. 경주마가 경주에서 승리해 혈통을 뽐내는 것은 목 하나 차이이고, 한 발짝 더 전진하면 전투에서 승리하며, 5분을 용기 있게 버티면 싸움에서 이긴다.

상대보다 힘이 열세여도 더 길게 버티고 더 집중하면 적수와 대등하게 맞서 이길 수 있다. 스파르타의 한 아버지는 자기 검이 너무 짧다고 불평하자 이렇게 대꾸했다. "거기에 한 걸음을 더 보태거라." 이 말은 인생의 모든 일에 적용될 수 있다.

네이피어는 자신의 영웅적 정신력을 병사들에게 불어넣었다. 그는 일개 사병만큼이나 열심히 일했다. 그는 이렇게 말했다. "훌륭한 지휘의 비결은 마땅히 자신이 해야 할 몫의 일을 하는 것이다. 군대를 이끄는 사람이 자기 일에 전심전력을 다하지 않으면 성공할 수 없다. 어려움이 많을수록 더 많이 노력해야 한다. 위험이 클수록 모든 위험을 넘어설 때까지 더 큰 담력을 보여야 한다."

커치 구릉 전투에서 그를 보좌했던 한 젊은 장교는 이렇게 말했다. "그 노장이 쉬지도 않고 말 위에 앉아 있는 모습을 보면서 젊고 힘센 내가 어떻게 어정거릴 수 있었겠습니까? 장군이 명령만 내리면 포탄이 장전된 포구에라도 뛰어들었을 겁니다." 네이피어는 이 말을 전해 듣고선 그 말만으로도 자신이 고생한 보람이 있다고 말했다.

의무로 주어진 목표를 좇다 보면
그 과정에서 산이라도 옮길 수 있다

교도소 개혁 운동가이자 박애주의자인 존 하워드의 인생은 끈기 있는 결단력의 힘을 보여주는 인상적인 사례다. 그는 숭고한 삶을 살았고, 그 삶을 통해 신체적으로 아무리 힘이 약하더라도 의무로 주어진 목표를 좇다 보면 그 과정에서 산이라도 옮길 수 있음을 증명해냈다.

죄수들이 처한 상태를 개선하겠다는 생각이 열망처럼 그를 따라다니며 온 마음을 사로잡았다. 아무리 힘들고 위험하고 육체적으로 고통스러워도 평생 그를 이런 평생의 숙원에서 되돌려놓을 수는 없었다. 천부적 재능을 타고나지 못한, 그저 평범한 재능의 소유자였지만 그의 마음은 순수했고 의지는 굳건했다. 그는 생전에도 놀라운 성공을 거뒀지만, 사후에도 그의 영향력은 전혀 수그러들지 않았다. 그는 영국을 비롯해 모든 문명국가의 입법에 강력한 영향을 미쳤고, 그 영향력은 오늘날까지 이어지고 있다.

이런 사람들은 최선을 다해 자신에게 맡겨진 일을 수행하는 데 만족했고, 일을 마치고 나서는 감사하는 마음으로 영원한 안식을 얻었다. 그래서 이들의 삶은 이렇게 이야기된다. '일생을 바쳐 살기 좋게 만들어놓은 세상 말고는 어떤 기념비도 남기지 않았으니.'

정직하고 열정적이며
근면하고 진실한 마음을 지니고 살자

조너스 핸웨이 역시 끈기와 인내심으로 오늘날의 영국이 있게 만든 수많은 사람 가운데 한 사람이다.

핸웨이는 1712년 포츠머스에서 태어났다. 아버지는 조선소의 창고 관리자로 일하다가 사고로 목숨을 잃었고, 그는 어린 나이에 홀어머니 밑에서 자라게 되었다. 어머니는 아이들을 데리고 런던으로 이사했다. 그곳에서 아이들을 학교에 보내고 바르게 키워내려고 갖은 고생을 마다하지 않았다. 핸웨이는 열일곱 살에 리스본으로 가서 어느 상인 밑에서 장사를 배우기 시작했다. 그곳에서 그는 꼼꼼히 살펴 일을 처리했고 시간관념이 철저했으며, 강한 명예심과 성실성을 발휘했던 덕에 주위 사람으로부터 존경과 신임을 얻었다.

1743년에 런던으로 돌아온 그는 상트페테르부르크에서 당시 아직 걸음마 단계의 카스피해 교역에 뛰어든 어느 영국 무역상의 동업 제의를 받아들였다. 핸웨이는 사업을 확장하기 위해 러시아로 갔고, 상트페테르부르크에 잠시 머물다 짐마차 20대 분량의 영국산 직물을 운송하는 대상을 이끌고 페르시아로 향했다. 아스트라칸에서 배를 타고 카스피해 남동쪽의 아스트라바드에 도착했으나, 짐을 육지에 부리자마자 때마침 반란이 일어난 통에 짐을 모두 압수당했다. 이후 짐을 대부분 돌려받았지만, 이미 사업상 상당한 손해를 입은 뒤였다. 게다가 핸웨이를 비롯한 그 일행을 붙잡으려는 음모가 꾸며지고 있음을 눈치 채고 서둘러 배를 출항시켰고, 이후 위험한 고비를 몇 차례 넘긴 후에야 간신히 페르시아의 길란으로 안전하게 피신할 수 있었다.

　　이때의 탈출을 계기로 그는 이후 자기 인생의 좌우명이 될 "절대 절망하지 말라"는 교훈을 얻게 되었다. 이후 상트페테르부르크에 5년간 거주하면서 사업을 크게 번창시켰다. 그러다가 한 친척이 죽으면서 약간의 유산을 남겼고 자기가 벌어놓은 재산도 상당히 커지자, 1755년에 러시아를 떠나 고국으로 돌아왔다. 핸웨이 본인의 표현을 빌리자면, 그가 영국으로 돌아온 이유는 "극도로 쇠약해 있던 건강을 돌보고 힘닿는 데까지 자신과 다른 사람에게 좋은 일을 하기 위해서"였다.

그는 다른 사람에게 적극적으로 자선을 베풀고 도움을 주면서 여생을 보냈다. 그는 자기 수입에서 더 많은 부분을 자선사업에 돌리기 위해 조용하고 검소하게 생활했다.

그가 전력을 기울였던 최초의 공공사업 중에는 런던에 간선도로를 건설하는 일이 있었는데, 이 사업은 꽤 큰 성공을 거두었다. 1755년 프랑스 군대가 침공할 것이라는 소문이 파다하게 퍼지자, 핸웨이는 수병을 계속 충원할 최선의 대책에 관심을 돌렸다. 그는 런던 증권거래소에서 상인과 선주를 불러 모아, 나중에 영국 함대의 수병으로 복무하게 될 견습 수병 지원자와 젊은이를 모집해서 훈련할 단체를 결성하자고 제안했다.

이 제안은 열띤 호응을 얻으며 채택되었다. 단체가 설립되고 임원이 임명되었으며 핸웨이가 그 운영을 진두지휘했다. 그 결과가 바로 1756년에 설립된 해군 협회로, 이 협회는 국가적으로 큰 도움이 되었을 뿐만 아니라 오늘날까지도 중요하고 실질적인 역할을 맡고 있다.

이 협회는 결성된 지 6년 만에 5,451명의 청년과 4,787명의 견습 수병 지원자를 선정하고 훈련시켜 수병으로 양성했으며,

오늘날까지도 600여 명의 가난한 청년이 세심한 교육을 받은 후에 주로 상선에서 선원으로 견습 생활을 해나가고 있다.

핸웨이는 런던의 중요 공공 기관을 개선하거나 새로 설립하는 데 여생의 상당 부분을 쏟아부었다. 그는 일찍부터 파운들링 보육원에 적극적인 관심을 보였다. 여러 해 전에 토머스 코람이 보육원을 먼저 시작했는데, 부모가 아이를 자선기관에 맡기도록 부추긴 측면이 있어서 사회에 보탬이 되기보다 해악을 끼칠 우려가 있었다. 핸웨이는 그런 해악을 근절하겠다고 마음먹고선 당대에 유행하던 자선사업에 반기를 들었다.

그는 자신의 목표를 고수하면서 결국 자선기관을 원래의 고유한 목적으로 되돌려놓았고, 세월이 흐르면서 경험을 통해 그가 옳았음이 증명되었다. 그가 큰 노력을 기울인 덕에 막달레나 보육원도 설립되었다.

하지만 그가 가장 열심히 그리고 꾸준히 노력을 기울여 왔던 일은 교구의 불우한 아이들을 돕는 것이었다. 교구의 불우한 아이들은 비참한 환경에서 방치되다시피 성장한 탓에 사망률이 끔찍할 정도로 높았지만, 부유층은 이들의 고통을 덜기 위한 어떠한 움직임도 보이지 않았다. 그래서 핸웨이가 이 문제를 해결하기 위해 발 벗고 나섰다.

우선 그는 어떤 도움도 받지 않고 혼자 힘으로 개인적으로 실태를 조사해 이 해악이 어느 정도인지를 확인했다. 그는 런던 시내의 극빈층 주거지를 직접 답사하고 구빈원의 병동을 방문했으며, 이를 통해 런던과 그 인근에 자리한 구빈원 전체의 운영 실태를 낱낱이 확인했다.

　이어서 그는 프랑스와 네덜란드를 돌아다니며 극빈자 수용 시설을 방문하고, 영국에서 채택하면 좋겠다 싶은 점이 있으면 무엇이든 눈여겨보았다. 이 일을 하는 데만 장장 5년이 걸렸고 영국으로 돌아오자마자 자신이 조사한 결과를 발표했다. 그 결과, 구빈원 중 상당수의 운영이 개선되고 향상되었다.

　1761년에는 런던의 모든 교구가 수용, 퇴원, 사망한 유아 전원의 연도별 기록부를 의무적으로 작성하도록 하는 법률을 통과시켰고, 지칠 줄 모르는 감시의 눈초리를 거두지 않고 이들 기관의 운영을 감독함으로써 이 법이 제대로 시행되고 있는지를 두루 살피기도 했다. 그는 여러 해 동안 하루도 거르지 않고 아침이면 구빈원을 이곳저곳 차례로 방문했고 오후에는 이런 저런 하원의원을 찾아다녔다. 문전박대를 견디고 반대하는 사람에게 하나하나 답변하고 이 사람 저 사람 비위를 맞춰야 했다. 유례를 찾기 힘든 끈기를 발휘해서 장장 10년이라는 세월을 노력한 끝에, 그는 마침내 자신이 모든 비용을 부담한다는 조건으로 또 다른 법안을 통과시켰다.

이 법에 따르면 각 교구는 자기 관할구역에 사는 유아 가운데 사망 위험이 큰 유아를 구빈원에서 보육해서는 안 되며, 시내에서 수 킬로미터 떨어진 곳에 거주하는 보모에게 보내 여섯 살이 될 때까지 3년에 한 번씩 선출되는 후견인의 감독을 받아 양육해야 한다고 규정하고 있다. 가난한 사람들은 이 법을 '아이들을 살리는 법'이라고 불렀다. 이 법이 통과된 후 몇 년 동안의 기록을 법이 통과되기 전 기록과 비교해보면, 수천 명의 목숨을 건졌다는 사실을 알 수 있다.

런던에서 자선사업이 펼쳐지는 곳이라면 어디든지, 핸웨이의 손길이 닿지 않는 곳이 없었다. 굴뚝 청소부 소년을 보호하는 최초의 법률도 그가 영향력을 발휘해서 통과시킨 것이었다. 몬트리올과 바베이도스의 브리지타운에서 연이어 대형 화재가 발생하자 그는 즉시 이재민 구호 기금을 모금했다.

그의 이름이 모든 명단에 등장했고, 그의 공평무사함과 성실함은 널리 인정을 받았다. 남을 돕는 일에는 얼마 남지 않은 재산을 모두 써버리는 것도 전혀 개의치 않았다. 핸웨이는 모르고 있었지만, 런던의 유력 인사 다섯 명이 은행가 호어를 앞세워 당시 총리였던 뷰트를 찾아가 동료 시민의 이름으로 이 훌륭한 사람이 조국에 바친 사심 없는 봉사에 관심을 기울여달라고 요청했다. 그 결과, 그는 해군 식량 보급 위원회 위원으로 임명되었다.

인생이 막바지에 이르면서 핸웨이의 건강이 극도로 쇠약해진 탓에 식량 보급 위원회 위원직을 사임해야 했지만, 그렇다고 가만히 앉아 게으름을 피울 사람은 아니었다. 당시 이제 막 움트던 운동인 주일학교 개설 운동에 참여하기도 하고, 극빈 상태로 런던 거리를 떠돌아다니며 지내는 흑인 빈민을 구제하기도 하고, 사회에서 소외된 극빈 계급의 고통을 완화하는 일에 나서기도 했다.

온갖 형태의 비참한 삶을 익히 접했을 텐데도 그는 무척 쾌활한 사람이었다. 그의 쾌활한 성품이 아니었다면 그렇게 가냘픈 체격으로 그토록 엄청난 양의 일을 스스로 떠맡지 못했을 것이다.

그는 무엇보다 아무 일도 하지 못하는 상태를 두려워했다. 비록 몸은 허약했지만 대담했고 지칠 줄 몰랐으며 정신적 용기는 따를 사람이 없었다. 여담이긴 하지만, 그는 최초로 머리 위에 우산을 쓰고 런던 거리를 활보한 사람이었다. 현대의 런던

상인이 챙이 달린 중국식 모자를 쓰고 콘힐 거리를 활보하려면 주변의 시선을 견뎌낼 용기가 필요할 것이다. 햄웨이는 30년 동안 우산을 들고 다닌 끝에 마침내 우산이 누구나 사용하는 물건으로 자리 잡은 모습을 보았다.

햄웨이는 철저하게 명예를 지키고 진실하며 성실한 사람이었고 모두가 그가 하는 말 한마디 한마디를 신뢰할 수 있었다. 그는 거의 외경심에 가까울 정도로 정직한 상인의 성격에 매우 큰 존경심을 보였는데, 이는 그에게서 유일하게 찬사를 이끌어낼 수 있는 주제였다. 그는 자기가 뱉은 말을 엄격히 지켰고, 상인으로서 그리고 훗날 해군 식량 보급 위원으로서 자기 행동에 단 한 점의 오점도 남기지 않았다. 그는 납품업자에게서 아무리 사소한 편의도 받는 법이 없었다. 식량 보급부에서 일하는 동안 선물을 받으면 그 선물을 정중히 돌려보내면서 넌지시 이렇게 알렸다. "그는 직무와 관련된 누군가로부터 그 어떤 것도 받지 않는 것을 원칙으로 삼고 있습니다."

기력이 떨어지는 것을 느끼자, 그는 마치 시골로 떠나는 여행을 준비하듯 즐거운 마음으로 죽음을 준비했다. 그는 자기 밑에서 일하던 여러 상인에게 돈을 주어 내보내고, 친구들에게 작별 인사를 했으며, 자기가 맡았던 일을 정리하고, 몸을 깔끔히 정돈하고 나서 일흔넷을 일기로 조용하고 평화롭게 세상을 떠났다.

그가 남긴 재산은 2천 파운드에도 미치지 못했는데, 이를 상속받으려는 친족이 없었기 때문에 생전에 자신과 친분이 있던 고아와 가난한 이들에게 나눠주었다. 이것이 바로 그 누구보다 정직하고 열정적이었으며 근면하고 진실한 마음을 지녔던 조너스 핸웨이의 아름다운 삶이다.

Samuel Smiles

5장

요행이 아닌
상식을 따라야
사업에서 성공할 수 있다

정직하게 이득을 가져다주는
세상의 모든 일은 다 명예롭다

작가인 윌리엄 해즐릿은 재기발랄한 에세이 한 편에서 사업가에 대해 '생업이라는 멍에를 매고 마차를 끄는 보잘것없는 부류의 사람'이라고 묘사하면서, 이들이 해야 할 일은 수많은 마차가 다져놓은 바퀴 자국에서 벗어나지 않으면서 자기 일이 이루어지도록 그냥 내버려두는 것이라고 주장했다. 또한 그는 이렇게 말한다. "통상의 사업을 성공적으로 관리하는 데 필수적인 조건은 상상력이나 아이디어가 아니라, 관세나 이자를 단 한 푼이라도 아낄 방도를 찾는 것이다."

하지만 이보다 더 일방적이고 그릇된 정의가 있을까? 물론 과학자나 문인이나 국회의원 중에도 편협한 사람이 있듯이 사업가 중에도 편협한 사람이 있기 마련이다. 하지만 통이 크고 시야가 넓어서 가장 큰 일이라도 해낼 능력을 갖춘 사업가도 있다. 동인도 회사에 대한 신랄한 비판자인 버크는 인도 법안에 관한 연설에서 자신은 보따리장수 같은 정치인과 정치인처럼 생각하며 행동하는 장사치를 알고 있다고 말했다.

중요한 일을 성공적으로 수행하려면, 즉각적인 위기 대처 능력, 대규모의 노동력을 조직하는 능력, 인간 본성에 대한 훌륭한 안목과 지식, 꾸준한 자기 수양, 인생에서 일어나는 실제 문제에 대한 경험 등 특별한 자질이 필요하다. 이런 자질을 생각해보면, 사업이라는 분야는 협소한 분야가 절대 아니다.

작가 아서 헬프스가 완벽한 사업가는 위대한 시인만큼 드물고, 어쩌면 진정한 성자나 순교자보다 드물지도 모른다고 말했을 때, 그는 진실에 훨씬 가깝게 다가섰다. 사업 말고 "일이 사람을 만든다"고 힘주어 이야기할 수 있는 분야는 없다.

하지만 시대를 불문하고 우둔한 사람이나 좋아할 법한 오류가 있는데, 천재에게는 사업이 어울리지 않고, 천재적인 일을 추구하는 사람에게는 사업과 관련된 직업이 맞지 않는다는 것이다. 몇 해 전에 "남자로 태어났으나 식료품 장사나 하게 된 운명"을 비관해 자살한 젊은이는 자신의 영혼이 식료품점의 존엄성만 못하다는 사실을 행동으로 증명한 셈이다. 식료품상이라는 직업이 그를 격하한 것이 아니라 스스로 자기 직업을 격하한 것이니 말이다.

육체노동이든 정신노동이든 정직하게 이득을 가져다주는 모든 일은 명예롭다. 손가락은 더러워지겠지만 마음은 늘 순수하다. 더러워진 손가락은 도덕적 오점보다 중요하지 않다. 먼지보다는 탐욕이, 구리에 슨 녹보다는 악덕이 훨씬 더 불결하다. 위대한 사람은 고귀한 목표를 추구하면서 동시에 생계를 위해 정직하고 유용한 노동을 하는 것에 대해 수치스럽게 여기지 않는다.

고대 그리스의 일곱 현인 중 첫 번째인 탈레스, 아테네 제2의 건국을 이끌었던 개혁가 솔론, 수학자였던 키오스의 히포크라테스는 모두 상인이었다. 탁월한 지혜 덕분에 거의 신처럼 추앙받았던 플라톤도 여행 도중에 기름을 팔아 번 돈으로 이집트 여행 경비를 충당했다. 스피노자는 철학을 연구하면서 안경알을 가는 일로 생계를 꾸려나갔다. 위대한 식물학자 린네는 망치로 가죽을 두드려 신발을 만들어가면서 자신의 연구를 이어나갔다.

셰익스피어는 유능한 극장 지배인이었다. 어쩌면 희곡이나 시를 쓰는 재능보다 극장 지배인으로서 실무를 수행하는 능력을 더 자랑스러워했을지도 모른다. 시인 포프는 셰익스피어가 문학적 재능을 갈고닦은 주된 목적이 문학적 재능으로 얻은 명성을 배경으로 돈을 벌고자 하는 데 있었다고 악평을 남기기도 했다. 실제로 셰익스피어는 자신의 문학적 명성에 전혀 관심이 없었던 것처럼 보이기도 한다. 단 한 편의 희곡이라도 자신이 직접 출판했는지 아니면 남에게 출판을 허락해주었는지 알려진 바 없고, 그의 작품 연표도 여전히 수수께끼다. 하지만 어쨌거나 그가 사업에 성공해 고향 마을인 스트랫퍼드 어폰 에이번에서 은퇴 생활을 즐길 만큼 큰돈을 벌었다는 사실만은 확실하다.

사업에서 성공하는 길은
대개 상식을 따르는 것이다

오늘날에도 고도의 지적 능력과 일상적 의무를 적극적이고 효율적으로 수행하는 일이 양립할 수 있음을 보여주는 사례는 얼마든지 찾아볼 수 있다.

고대 그리스 연구에 커다란 발자취를 남긴 역사가 그로트는 런던의 은행가였다. 위대한 사상가 중 한 명으로 손꼽히는 존 스튜어트 밀은 동인도 회사의 심사부에서 은퇴했다. 그는 회사 동료로부터 찬사와 존경을 받았는데, 이는 높은 철학적 식견 때문이 아니라 능률성을 높은 수준으로 다져놓았고 업무도 만족스럽게 처리했기 때문이다.

사업에서 성공하는 길은 대개 상식을 따르는 것이다. 지식을 얻거나 학문을 연구하는 경우와 마찬가지로 사업에서도 꾸준히 노력하고 전념하는 일이 필요하다. 고대 그리스인들은 이렇게 말했다. "어떤 직업에서든 유능한 사람이 되려면 소질과 공부, 실천, 이 세 가지가 필요하다."

사업에서 실제로 행하는 일을 지혜롭고 성실하게 개선해 나가는 것이야말로 성공에 이르는 큰 비결이다. 이른바 '요행수'가 들어맞는 사람도 있겠지만 그런 '요행'은 도박에서 딴 돈처럼 사람을 파멸로 이끌 뿐이다.

베이컨은 입버릇처럼 길을 가는 것처럼 사업에서도 지름길은 대체로 진창길이며 가장 순탄한 길을 가고 싶다면 길을 꽤 돌아가야 한다고 말하곤 했다. 그렇게 길을 돌아가려면 더 많은 시간이 들겠지만, 그에 따르는 노동의 기쁨과 그렇게 얻은 성과를 누리는 일은 더욱 진실하고 순수하게 느껴질 것이다. 매일같이 맡겨진 일이 아무리 평범하고 고되더라도 꾸준히 해 나가다 보면 남은 인생은 그만큼 더 달콤해질 것이다.

자기 길은 다른 사람의 힘이 아닌
자기 힘으로 닦아야 한다

　헤라클레스의 시련을 다룬 우화는 모든 인간의 행동과 성공을 보여주는 전형이다. 젊은이라면 자신이 인생에서 누리는 행복과 번영이 다른 사람의 도움이나 후원이 아니라 자기 자신에게, 그리고 자기 자신의 힘을 발휘하는 데 달려 있음을 깨달아야 한다.

　작고한 멜버른은 존 러셀에게서 시인 무어의 아들에게 자리를 하나 마련해달라고 부탁을 받고선, 다음과 같은 유익한 충고를 담아 답장을 보냈다. "친애하는 존, 보시게. 여기 무어의 편지를 돌려보내네. 나는 형편이 된다면 자네가 바라는 일을 기꺼이 도와줄 용의가 있다네. 하지만 무슨 일을 해주든 무어 본인을 위한 것이어야 한다고 생각하네. 그렇게 하는 게 더 분

명하고 직접적이고 현명한 방법이지. 젊은이에게 자리를 마련
해주는 일은 정당하지 않을뿐더러 무엇보다도 그들 자신에게
가장 해로운 것이네. 젊은이는 자기에게 실제보다 더 큰 능력
이 있다고 생각하고선 더는 노력을 기울이지 않지. 젊은이라면
꼭 이 말에 귀를 기울여야 하네. '자기 길은 자기 힘으로 닦아
야 한다. 굶어 죽을지 그렇지 않을지는 전적으로 자기 노력에
달려 있다.' 내 말 명심하게. 멜버른."

적은 재산으로 인생을 시작하는 것은 성공을 위한 자극제가 된다

실제로 일을 해나가면서 현명하고 열정적인 방식으로 근면성을 발휘하면 언제나 그에 상응하는 결과가 따른다. 그런 근면성을 통해 사람은 앞으로 나아가고 자기 개성을 끌어내고 다른 사람의 행동을 자극한다. 모두가 똑같이 출세하지는 못해도 대개는 각자 받을 만큼 받기 마련이다. 이탈리아 토스카나 지방에는 이런 속담이 있다. "모두가 해가 잘 드는 곳에서 살진 못해도 누구나 햇볕을 쬘 수는 있다."

대체로 인간은 그 본성대로 편한 길을 따라 인생을 살기 마련이라고 하지만, 이는 옳은 생각이 아니다. 무엇이든 쉽게 손에 넣을 수 있고 편히 기대어 쉴 수 있는 삶보다는 적게 벌더라도 열심히 일해야 할 필요가 있는 삶이 더 낫다. 실제로 비교적

적은 재산으로 인생을 시작하는 것은 일하는 데 없어서는 안 될 자극제처럼 여겨지고, 이는 또한 인생에서 성공하는 데 필수적인 조건이 갖춰진 것과 거의 다름없다. 그래서 어느 뛰어난 판사는 법조계에서 성공하는 데 가장 큰 도움이 된 것이 무엇이었는지 질문받자 이렇게 대답했다. "누구는 재능이 뛰어나서 성공하고, 누구는 연줄을 잘 이용해서 성공하고, 누구는 기적이 일어나 성공하기도 하지만, 대대수는 동전 한 닢 없이 시작했기 때문에 성공한다."

상당한 업적을 남긴 어느 건축가의 이야기를 들은 적이 있다. 그는 실력을 쌓기 위해서 오랫동안 공부했고 고전주의 전통이 강한 동유럽을 여행했다. 그러다가 자기 일을 시작해보겠다는 생각을 품고 고국으로 돌아왔다. 자신을 써주기만 한다면 어디서든 일하겠다고 마음먹었던 터라 건물을 허무는 일과 관련된 일을 맡게 되었다. 이 일은 건축 분야의 일 가운데서 가장 비천하게 취급된 탓에 보수가 적었다. 하지만 그에게는 자기 일을 우습게 보지 않는 분별력이 있었고, 자신이 택한 길에서 성공하고야 말겠다고 굳게 결심했기 때문에 이는 꽤 순조로운 출발이었다. 7월의 어느 무더운 여름날, 그가 어느 집 지붕 위에 걸터앉아 건물을 허무는 일에 열중하고 있는 모습을 한 친구가 보게 되었다. 그 친구는 얼굴에 흐르는 땀을 훔치며 이렇게 소리쳤다. "그리스 전역을 돌아다녔던 사내에게 딱 맞는 일이로군!" 하지만 그는 그 일을 완벽하고 훌륭하게 해냈다. 그는 끈기 있게 일했고 차츰 보수가 더 나은 일자리로 옮겨가다가 마침내 건축 분야에서 가장 높은 위치에 오르게 되었다.

습관처럼 일 처리가 매번 부정확한
사람은 신뢰하기 어렵다

주의력, 몰입, 정확성, 체계적인 방법, 시간 엄수, 기민함은 어떤 일이든 효율적으로 해나가려면 꼭 갖춰야 할 중요한 자질이다. 언뜻 보기에 이런 자질이 별것 아닌 것 같아도 실제로 인간이 행복과 안녕과 만족감을 얻는 데 필수적으로 중요하다.

실제로 이런 자질은 사소하다고 할 수 있지만, 인간의 삶을 이루는 것이 바로 사소한 일들이다. 이런 작은 행동 하나하나가 반복되면 그게 쌓여서 한 개인의 성격이 될 뿐만 아니라 한 나라의 국민성을 결정한다. 개인이나 국가가 망할 때는 사소한 것을 가볍게 여기다가 암초에 걸려 좌초된 일임을 알 수 있다.

인간이라면 누구나 제 나름의 의무가 있고, 그 행동의 영역이 가사를 돌보는 일이든 생업을 꾸려 나가는 일이든 아니면

한 나라의 정부를 이끌어 가는 일이든 자신의 의무를 수행할
능력을 배양할 필요가 있다.

이미 산업과 예술과 과학 등 다양한 분야에 속한 위대한 인
물의 사례를 여러 가지로 소개했으니, 인생의 어느 분야에서든
끈기를 갖고 전념하는 것이 얼마나 중요한지를 더 이상 강조할
필요는 없어 보인다. 우리는 일상의 경험을 통해서 세세한 문
제에 꾸준히 관심을 기울이는 일이 인간 진보의 뿌리에 놓여
있으며, '부지런함이 행운의 어머니'라는 사실을 깨닫게 된다.

정확성도 중요하기는 매한가지다. 이는 사람이 교육을 제대
로 받았음을 보여주는 불변의 특징이기도 하다. 관찰이나 말이
나 일 처리는 모두 정확해야 한다. 일을 하려면 무슨 일이든 제
대로 해야 한다. 일의 양이 적더라도 완벽히 완수하는 것이 그
보다 열 배쯤 많은 일을 반쯤 하다 마는 것보다 나으니 말이다.
어떤 현자는 이렇게 말하곤 했다. "조금만 더 버텨라, 그러면
곧 끝낼 수 있을 테니."

하지만 정확성이라는 자질이 이렇게 중요한 데도 여기에 주
의를 기울이는 사람은 꽤 드물다. 최근 저명한 어느 실용 과학
자는 우리에게 이렇게 말했다. "내 경험에 비춰보건대 놀랍게
도 내가 지금껏 만나왔던 사람 중에서 사실을 정확히 정의할

수 있는 사람은 별로 없었다."

하지만 사업 분야에서는 아무리 작은 일이라도 이 일을 처리하는 방식에 따라 어떤 사람이 나에게 쓸모 있는 사람인지 아닌지를 판별해주는 일이 종종 있다. 아무리 덕이 있고 능력이 있고 행동이 올바르더라도 습관처럼 일 처리가 매번 부정확한 사람을 신뢰하기는 어렵다. 그가 해놓은 일은 다시 살펴봐야 하고, 따라서 끝없이 화나고 성가시게 만든다.

정치가 찰스 제임스 폭스의 특별한 자질 가운데 하나는 무슨 일이든 자기 일에 철저히 최선을 다하는 것이었다. 국무장관으로 임명되었을 때 자신의 악필에 대한 논평에 발끈해서 습자 선생을 두고 필체가 좋아질 때까지 초등학생처럼 글씨를 연습하기도 했다. 체구가 비대한 편이었지만, 깎아 친 테니스공을 놀릴 만큼 능숙하게 받아넘겼고, 어떻게 그런 공을 용케 받아넘길 수 있냐는 질문을 받자 이렇게 대답했다. "그거야 내가 엄청나게 노력하는 사람이니까요." 그가 사소한 문제에서 보여준 정확성은 훨씬 중대한 일에서도 그대로 나타났고, 마치 화가처럼 "어떤 것도 소홀히 하지 않는다"는 평판을 얻었다.

체계적인 방법 역시 필수적이며 이런 자질이 있어야 막대한 양의 일을 만족스럽게 해낼 수 있다. 리처드 세실 목사는 이렇게 말했다. "방법이란 상자에 물건을 담는 일과 같다. 능숙한 사람은 그렇지 못한 사람보다 훨씬 더 많이 담을 수 있다." 세실의 빠른 일 처리는 남달랐고 그는 "많은 일을 할 수 있는 지름길은 한 번에 하나씩 처리하는 것"이라는 좌우명을 가지고 있었다. 한가할 때 다시 하면 된다는 마음가짐으로 일을 마무리하지 않고 남겨두는 법이 절대 없었다. 일로 압박을 받을 때도 일을 빠뜨리고 처리하기보다는 차라리 식사와 휴식 시간을 줄이는 편을 택했다.

세실과 마찬가지로 네덜란드의 정치가 데 위트의 좌우명도 '한 번에 하나씩'이었다. 그는 이렇게 말했다. "시급하게 처리해야 할 일이 있으면 그 일을 마무리할 때까지 그 밖의 일은 생각하지 않는다. 국내 문제에 신경을 써야 하면 그 문제가 정리될 때까지 완전히 거기에만 매달린다."

일을 빠르게 처리하면서도 사교 모임에도 빠지지 않고 모습을 드러내기로 유명했던 프랑스의 한 장관은 어떻게 그 두 가지를 같이 해낼 수 있냐는 질문을 받고선 이렇게 대답했다. "그저 오늘 할 일을 내일로 미루지 않으니까요." 이 말에 대해서 브루엄은 어느 영국 정치인이 그 말을 거꾸로 뒤집어 자기 좌우명으로 삼은 말은 '내일까지 미룰 수 있는 일은 절대로 오늘

하지 말라는 것이었다'고 말했다.

유감스럽게도 그 프랑스 장관이 따르던 이 원칙은 이미 잊혀졌고, 이제는 나태하고 실패한 사람들의 원칙을 따르고 있다. 이런 사람은 신뢰할 수 없는 대리인에게 의존하는 경향을 보이기도 한다.

중요한 문제는 반드시 자신이 직접 처리해야 한다. 이런 속담이 있다. "일을 제대로 처리하려거든 직접 가서 하라. 일을 그르치려거든 다른 사람을 보내라."

잃어버린 시간은 한 번 지나가면
영원히 되찾지 못한다

게으른 어느 시골 신사가 1년에 500파운드 가치의 소출을 내는 땅을 가지고 있었다. 빚을 지게 되자 그 신사는 땅의 절반은 팔고 절반은 어느 부지런한 농부에게 20년 동안 소작을 맡겼다. 소작 기간이 끝날 때쯤 그 농부는 소작료를 내러 와서 땅 주인인 신사에게 땅을 팔지 않겠냐고 물었다. 신사는 깜짝 놀라 이렇게 물었다. "자네가 땅을 사겠다는 말인가?" "네, 가격만 잘 맞춰주신다면요." 그러자 신사가 이렇게 말했다. "그것참 이상한 노릇이군. 그런 일이 어떻게 일어날 수 있는지 내게 좀 알려주게나. 내겐 땅도 두 배로 있고 소작료도 한 푼 내지를 않는데 근근이 살고 있다네. 그런데 자네는 내게 소작료로 매년 200파운드를 꼬박꼬박 내면서 몇 년 만에 그 땅을 사겠다고 하니 말일세." 그러자 농부는 이렇게 대답했다. "이유야 간단하죠. 주인님은 가만히 앉아서 '가라'고 분부하셨지만, 저는 일어나서 '오라'고 했습죠. 주인님이 침대에 누워 부유함을 즐기는 동안 저는 매일 아침 일어나서 제가 해야 할 일에 신경을 썼습니다."

월터 스콧은 일자리를 얻고서 조언을 구하는 편지를 보낸 어느 젊은이에게 이런 건실한 충고를 담아 답장을 보냈다. "자네의 시간을 온전하게 사용하지 못하게 막는 습성, 그러니까 여인네들 말로 '빈둥거린다'는 습성에 쉽게 물들지 않도록 경계하게나. 자네의 좌우명은 '현재 하는 일을 열심히 해라'여야 한다네. 해야 할 일이라면 무슨 일이든 바로 하고, 노는 건 일이 다 끝나고 하게나. 일을 끝내기 전에 놀면 안 되네. 연대가 행진하고 있는데 선두가 방해만 하고 계속 움직이지 않으면 후미는 혼란에 빠지게 마련이라네. 사업도 마찬가지지. 지금 당면한 일을 곧바로 꾸준히 그리고 자주 처리하지 않으면 다른 일거리가 뒤에 쌓이고 쌓이다가 한꺼번에 들이닥치는 상황이 되어 사람의 머리로는 그 혼란을 감당하지 못할 걸세."

시간의 가치를 제대로 헤아린다면 신속하게 행동하라는 자극이 될 수 있다. 어느 이탈리아 철학자는 시간을 자신의 사유지에 빗대어, 경작하지 않으면 아무런 가치도 창출하지 못하지만 적절하게 개량하면 부지런한 일꾼의 노력에 반드시 보답한다고 말했다. 땅을 놀리면 오로지 온갖 독초와 해로운 초목만 자란다. 시간을 꾸준히 활용해서 얻을 수 있는 작은 효과라면 해악을 멀리할 수 있다는 것이다. 게으른 머리는 악마의 일터요, 게으른 사람은 악마의 받침대이기 때문이다.

일에 열중하는 것은 소작인이 땅을 차지하는 것과 같지만, 게으름을 피우는 것은 그 땅이 비어있는 것이나 다름없다. 공상의 문이 열리면 유혹이 쉽사리 접근하고 사악한 생각이 떼를 지어 몰려든다. 바다에서는 선원에게 할 일이 없을 때만큼 불평을 늘어놓고 반란을 일으키기 좋은 때가 없다. 그래서 노련한 선장은 아무 할 일도 없으면 하다못해 닻이라도 닦으라고 명령하는 것이다.

사업가들은 '시간은 돈'이라는 격언을 곧잘 인용한다. 하지만 시간은 그 이상이다. 시간을 적절히 활용하는 일은 자기 수양이자 자기 발전이고 인격의 성장이다. 매일 하찮은 일을 하거나 게으름을 피우느라 허비한 한 시간을 자기 계발에 쏟는다면 몇 년이 되기도 전에 무지한 사람은 현명해져서 좋은 일자리를 얻게 되고, 그의 삶은 풍요로워지며 죽음마저 가치 있는 행동을 수확하는 순간이 된다.

하루에 15분씩 자기 계발에 쏟는다면 연말엔 그 효과를 느낄 수 있을 것이다. 좋은 생각과 조심스럽게 쌓은 경험은 어떤 공간도 차지하지 않기에 돈 들이지 않고 아무런 불편함도 없이 동료로서 어디든 데리고 다닐 수 있다.

시간을 아껴 쓰는 것이야말로 여가 시간을 확보하는 진정한 방식이다. 시간을 아껴 쓰면 시간에 떠밀려 일하는 것이 아니라 일을 앞으로 끌고 나갈 수 있다. 반면 시간을 잘못 계산하면 끊임없이 허둥대다가 혼란스럽고 어려운 상황에 놓이게 된다. 그러면 인생에는 편법이 난무하고 재앙이 뒤따르게 된다. 넬슨 제독은 이렇게 말한 적이 있다. "내가 인생에서 성공할 수 있었던 이유는 언제나 정해진 시간보다 15분 앞서 일을 처리해 왔기 때문이다."

돈의 가치를 전혀 모르다가 돈이 다 떨어질 때가 되어서야 그 가치를 깨닫는 사람이 있다. 이와 마찬가지로 시간의 소중함을 알지 못하는 사람도 부지기수다.

이들은 시간을 제대로 활용하지 못하고 그저 흘러가는 대로 놔두다가 삶이 급속도로 무너져 내리면 그제야 시간을 더 현명하게 사용해야 했다고 생각하게 된다. 하지만 귀찮음과 게으름이 이미 몸에 배어버린 탓에 스스로 그렇게 되도록 내버려두었던 악습의 사슬을 끊어내지 못한다. 잃어버린 재산은 노력으로, 잃어버린 지식은 공부로, 잃어버린 건강은 절제와 의술로 되찾을 수 있지만, 잃어버린 시간은 한 번 지나가면 영원히 되찾지 못한다.

습관적으로 시간에 늦는 사람은
습관적으로 성공에서도 뒤처진다

시간의 가치를 제대로 이해하면 시간을 정확히 지키는 습관을 불러일으킨다. 루이 14세는 이렇게 말했다. "시간 엄수는 군주가 갖추어야 할 예의다." 시간 엄수는 신사의 의무이자 사업가에게 없어서는 안 될 덕목이다. 이런 덕목을 실행하는 것만큼 사람의 마음을 얻는 일은 없으며, 이런 덕목을 지키지 못하는 것만큼 사람의 마음을 잃는 일도 없다.

시간 약속을 지키고 상대를 기다리지 않게 하는 행동이야말로 자신의 시간뿐만 아니라 상대방의 시간도 중히 여긴다는 것을 보여주는 행동이다. 따라서 시간 엄수는 우리가 사업을 하면서 만나달라고 요청한 사람에게 우리가 그들을 개인적으로 존중하고 있음을 증명하는 방법이다.

이는 또한 성실성을 보여주는 방법이기도 하다. 시간 약속은 명시적이든 묵시적이든 일종의 계약이고 그 약속을 지키지 않는 사람은 신뢰를 깰 뿐만 아니라 다른 사람의 시간을 허투루 사용함으로써 필연적으로 자기 인격을 손상한다. 따라서 우리는 시간을 부주의하게 다루는 사람은 사업도 부주의하게 다룰 것이고, 중요한 거래를 믿고 맡길 수 없는 사람이라는 당연한 결론에 이르게 된다.

조지 워싱턴의 비서가 지각한 이유를 변명하면서 시계 탓을 하자, 워싱턴은 조용히 이렇게 말했다. "그렇다면 자네가 다른 시계를 구하든가, 아니면 내가 새 비서를 구하든가 해야겠군."

시간관념이 없고 시간을 활용하는 일에 크게 신경 쓰지 않는 사람은 다른 사람의 평화와 평온을 깨뜨린다. 체스터필드는 연로한 뉴캐슬 공작에 대해 이런 재치 있는 말을 전했다. "각하께서는 아침에 1시간을 잃어버리시고 하루 종일 그 잃어버린 시간을 찾아다니신다."

시간관념이 없는 사람과 같이 일해야 하는 사람은 수시로 감정이 격해지기 마련이고, 습관적인 지각은 그의 불규칙한 행동 중에서 그나마 규칙적인 측면이다. 그는 마치 습관처럼 빈둥거리고 약속 시간에 늘 늦게 도착하며 기차가 떠난 후에 기차역에 도착하고 우체국이 문을 닫고 나서야 편지를 부친다. 그러면 사업은 엉망이 되고 그 사업과 관련된 모든 사람은 분통을 터뜨리게 된다. 따라서 대체로 습관적으로 시간에 늦는 사람은 습관적으로 성공에서도 뒤처지게 마련이다. 이런 사람은 보통 세상에서 따돌림을 당하고 결국 팔자 탓이나 하며 불평과 악담을 늘어놓는 무리만 늘어나게 된다.

상황을 빠르게 파악해
확실하게 밀고 나갈 수 있어야 한다

최고의 사업가가 되려면 일반적인 일을 처리하는 능력 말고도 자기 계획을 실행하면서 상황을 빠르게 파악해서 확실하게 밀고 나가는 능력이 필요하다. 요령도 중요하다. 이런 요령은 어떤 면에선 타고난 재능이기도 하지만 관찰하고 경험을 쌓음으로써 갈고 닦아 키울 수 있다.

이런 자질을 갖춘 사람은 어떻게 행동하는 게 옳은지를 바로 알아차리고 일단 결심하면 곧바로 실행에 옮겨 성공적인 결과를 얻어낸다. 이런 자질은 다른 사람의 행동을 대규모로 지휘하는 사람, 가령 야전군 지휘관 같은 사람에게 특히 중요하고, 없어서는 안 될 자질이다.

장군은 전사로서도 훌륭해야 하지만 사업가로서도 뛰어나야 한다. 그는 뛰어난 기지와 사람의 성격에 대한 풍부한 지식과 더불어 대규모 집단을 조직적으로 움직일 수 있는 능력을 갖춰 야 하며, 병사를 먹이고 입히고 이들에게 필요한 것이라면 무 엇이든 제공함으로써 이들이 전장을 지키고 전투에서 승리할 수 있도록 해야 한다. 이런 점에서 나폴레옹이나 웰링턴은 하 나같이 일류 사업가였다.

나폴레옹이 세세한 것까지 하나하나 챙기는 치밀한 사람이 었지만 상상력 또한 풍부해서 작전의 방향을 전반적으로 파악 한 뒤 판단력을 가지고 신속하게 세세한 작전을 대규모로 수행 할 수 있는 능력의 소유자였다. 나폴레옹은 인간의 성격에 대 해 해박했기에 이를 통해 자신의 구상을 실행할 최고의 적임자 를 거의 한 치의 오차도 없이 선발할 수 있었다. 하지만 중차대 한 결과가 걸려 있는 중요한 순간에는 되도록 다른 사람에게 그 문제를 맡기지 않았다.

나폴레옹이 지닌 이런 성격상의 특징은 『Napoleon Corres pondence(나폴레옹 서간집)』에 상당히 훌륭하게 묘사되어 있다. 특히 제15권에는 아일라우 전투에서 승리한 직후인 1807년 폴 란드 국경 지역의 작은 성 핀켈슈타인에서 나폴레옹이 쓴 편지 와 명령서, 그리고 긴급 공문이 담겨 있다.

당시 프랑스군은 파사르게강을 따라 진을 치고 정면에는 러시아군, 우측에는 오스트리아군, 그리고 후방에는 이미 패배한 바 있는 프로이센군과 대치하고 있었다. 따라서 적국을 가로질러 프랑스와 긴 연락망을 유지해야 했지만, 나폴레옹이 선견지명을 가지고 세심하게 대비한 덕에 우편물을 단 한 통도 잃어버리지 않았다고 한다.

부대를 이동시키는 일에서부터 프랑스, 에스파냐, 이탈리아, 독일에서 먼 지역으로 증원군을 이동시키고 폴란드와 프로이센의 군수물자를 프랑스군 진지까지 쉽게 운반할 수 있도록 운하를 파고 도로를 평탄하게 만드는 일에 이르기까지, 나폴레옹은 아주 사소한 일까지 끊임없이 주의를 기울였다. 말을 어디에서 구하고, 안장이 충분히 공급될 수 있도록 조치하고, 병사들이 신을 군화를 주문하고, 빵과 비스킷과 술의 배급량을 주둔지로 가져올 양과 창고에 군용으로 저장할 양으로 나누어 하나하나 정해주는 일까지 손수 챙겼다.

그러면서 동시에 파리에 편지를 보내 프랑스 대학의 제도 개편을 지시하고, 공교육을 위한 계획을 입안하고, 〈모니퇴르〉 지에 실을 공고문과 기사를 받아 적게 하고, 예산 세목을 수정하고, 튈르리 정원과 마들렌 성당 개축과 관련해서 여러 건축가에게 지시를 내리고, 이따금 작가 스탈 부인의 작품이나 파리의 신문과 잡지를 비꼬기도 하고, 그랑 오페라 단원 간의 다툼을 중재하기도 하고, 터키의 술탄이나 페르시아의 샤와 서신을 교환하는 등 비록 몸은 핀켈슈타인에 있어도 마음은 파리와 유럽 그리고 전 세계에 걸쳐 백여 곳에서 일하고 있는 것처럼 보였다.

네 장군에게 자신이 보낸 머스킷 소총을 잘 받았는지 묻는 편지를 보내고, 또 다른 편지에서는 막냇동생 제롬 대공에게 내의, 방한용 상의, 침구, 신발, 군모, 무기를 뷔르템부르크 연대에 보급하라는 지시를 내리기도 했다. 캉바세레스 총리에게 곡물을 곱절로 보내라고 거듭 재촉하면서 이렇게 말했다. "지금은 '만약'이라든가 '하지만'이라고 말할 때가 아니오. 무엇보다 이 문제를 신속하게 처리하시오." 그러고는 다뤼 장관에게 군대에 내의가 부족한데 아직도 도착하지 않았다고 알렸다. 마세나 장군에게는 "비스킷과 빵이 준비되었는지 알려달라"는 편지를 보냈다. 베르그 대공에게는 중기병의 장비에 대해서 지시를 내리면서 이렇게 썼다. "중기병 사이에서 기병도가 부족하다는 불평이 나오고 있소. 포즈나인으로 장교를 보내 기병도를 확보하시오. 철모도 모자란다고 하니 에블링에 철모 제작을 지시하시오. 잠만 자서는 아무것도 이룰 수 없소."

이처럼 나폴레옹은 아무리 작은 일이라도 소홀히 다루지 않았고, 비상한 힘을 발휘해서 온 힘을 행동으로 옮기도록 만들었다. 황제가 된 후에도 말을 타고 하루에 약 150킬로미터에서 200킬로미터를 이동하면서 부대를 검열하는 데 많은 시간을 쏟아부었다.

사열과 리셉션과 그 밖의 국가 행사에 쫓겨 사업적인 문제에 신경을 쓸 시간이 거의 없었지만, 그 때문에 다른 일을 소홀히 하는 일은 없었다. 필요하면 밤잠을 줄여서라도 예산을 검토하고 긴급한 공문을 작성하고 제국 정부의 조직과 운영에 관한 온갖 문제에 신경을 썼다. 정부 조직 대부분이 그의 머릿속에 고스란히 들어 있던 것이다.

사업 성공의 밑거름은
올곧음, 정직함, 성실함이다

"정직이 최선의 방책이다." 이 오래된 격언이 옳다는 사실은 일상의 경험을 통해 확인된다. 올곧음과 성실함은 다른 모든 분야에서와 마찬가지로 사업에서도 성공의 밑거름이다.

휴 밀러의 훌륭한 삼촌은 그에게 이렇게 조언하곤 했다. "어떤 거래든지 상대에게 저울을 맡겨라. 넉넉하게 수북하게 담아 흘러넘칠 만큼 줘라. 그래도 나중에 절대 손해 보는 일은 없다." 유명한 어느 맥주 양조업자는 맥아를 아끼지 않고 쓴 덕분에 성공할 수 있었다고 말했다. 양조 통에 올라가 맥주 맛을 보고는 이렇게 말하곤 했다. "아직 맛이 없군. 여보게들, 맥아를 더 집어넣게." 이 양조업자는 자기 성품대로 맥주를 만들었기에 그의 맥주에서는 감칠맛이 돌았고 이 맥주가 영국은 물론이고 인도를 비롯한 여러 식민지에서 좋은 평판을 얻으면서 큰 재산을 모을 기틀을 마련했다.

성실한 말과 행동은 모든 사업 거래의 초석이 되어야 한다. 군인에게는 명예가, 기독교인에게는 박애가 중요하듯, 장인이나 상인이나 제조업자에게는 성실함이 중요하다. 아무리 미천한 직업이라 하더라도 이런 올곧은 성격을 발휘할 여지는 언제나 충분하다.

휴 밀러는 함께 도제 생활을 했던 석공을 가리켜 "자신이 쌓은 돌 하나하나마다 양심을 불어넣은 사람"이라고 했다. 마찬가지로 진정한 기계공은 자신의 기계가 빈틈없고 견고하다는 사실을 자랑스러워하고 고결한 성품의 계약자는 계약 조건을 하나도 빠짐없이 이행한 자신의 정직함을 자랑스러워한다. 올곧은 제조업자는 자기가 만든 물품의 진가를 인정받았을 때, 그리고 상인은 겉모양과 내용이 같은 물건을 정직하게 팔았을 때, 명예와 명성을 얻을 뿐만 아니라 실질적인 성공을 거두게 된다.

뒤팽 남작은 영국인이 성공한 주요 원인이 전반적인 정직성에 있다고 주장하면서 이렇게 말했다. "우리는 사기나 뜻밖의 일 혹은 폭력으로 일시적인 성공을 거둘 수 있을지도 모른다.

하지만 영구적인 성공을 거두려면 오로지 정반대의 방법으로만 가능하다. 상인이나 제조업자가 자기 제품과 국민성의 우수함을 유지하려면 용기와 총명함과 활동력뿐만 아니라 지혜와 근검 정신, 그리고 무엇보다 정직성을 갖춰야 한다. 혹시라도 영국이라는 섬나라에서 그 유능한 국민이 이런 덕목을 잃어버린다면, 다른 나라도 마찬가지겠지만 영국에서도 상업이 퇴보하면서 상선이 모든 해안에서 물러나고, 이 세상의 귀중품을 싣고 누비던 바다에서 빠르게 사라질 것이 분명하다."

우리는 어쩌면 상거래가 삶의 그 어떤 분야보다 가장 혹독하게 정직성과 자제력, 정의감, 진실성을 시험한다는 사실을 인정해야 한다. 그리고 아무 오점 없이 그 시험을 통과한 사업가는 아마 전장의 포화와 위험 속에서 자기 용기를 입증한 군인만큼이나 커다란 명예를 누릴 자격이 있을 것이다. 그리고 다양한 사업 분야에서 일하고 있는 많은 사람의 공로를 살펴보면, 대체로 이들이 이런 시험을 훌륭하게 통과했다는 사실을 알 수 있다.

벌이가 그리 신통치 않을 하급자의 손에 매일같이 엄청난 부가 맡겨지고 현찰이 점원, 대리인, 중개인, 은행원의 손을 통해 끊임없이 유통되지만, 이런 온갖 유혹에도 믿음을 저버리는 사람이 얼마나 적은지 생각해보면, 이렇게 매일같이 꾸준히 반복되는 행동의 정직성이야말로 인간 본성에서 가장 명예로운 것이라는 사실을 인정해야 할지도 모른다. 주로 명예의 원칙에 바탕을 두고 있는 신용 체제가 암시하는 바와 같이, 상거래에서 사업가 상호 간의 신뢰와 신임이 일상적인 관행으로 자리를 잡았을 정도로 서로를 신뢰한다.

신학자이자 정치경제학자인 차머스 박사는 이에 대해 "상인들은 멀리 지구 반대편에 떨어져 있어서 단 한 번도 만난 적이 없는 원격지 대리인에게 오로지 그의 인격 하나만을 믿고 종종 막대한 재산을 맡기기도 하는데, 이런 암묵적인 신뢰는 어쩌면 인간이 서로에게 최고의 경의를 표하는 행위"라고 표현했다.

Samuel Smiles

6장

돈은 정당하게 벌어서 지혜롭게 사용해야 한다

돈이 인생의 주목적이어선 안 되지만
경멸을 받을 만큼 하찮지도 않다

사람이 돈을 어떻게 사용하는지, 즉 어떻게 돈을 벌고 저축하고 쓰는지를 보면 그 사람이 얼마나 실용적인 지혜를 지니고 있는지를 쉽게 가늠해볼 수 있다. 돈이 인생의 주목적으로 여겨져서는 안 되겠지만, 그렇다고 철학적으로 경멸을 받을 만큼 하찮은 것도 아니다. 돈은 육체의 안락함과 사회적 복지를 얻는 수단으로써 대표적인 역할을 하기 때문이다.

사실 돈을 올바르게 사용하는 능력은 인간 본성에서 가장 훌륭한 자질이라 일컬을 수 있는 관대함이나 정직함, 정의감, 자기희생 그리고 검약이라는 실천적 미덕과 관련이 있다. 반면 지나치게 이득을 밝히는 사람에게서는 인간 본성에서 정반대가 되는 탐욕이나 사기, 불의, 이기심이 나타나며, 자신에게 맡겨진 재산을 오용하거나 남용하는 사람에게서는 낭비벽이나 무절제나 방탕함 같은 악덕이 나타난다.

그래서 시인 헨리 테일러는 우리에게 생각할 거리를 풍부하게 던져주는 『인생 비망록(Notes from Life)』에서 이렇게 현명한 말을 던졌다. "그러니 돈을 벌고 모으고 쓰고 주거나 받고 빌리거나 빌려주고 유산으로 물려주는 기준과 방식이 올바르면, 그는 완벽한 사람에 가깝다고 할 수 있다."

누구나 온갖 합당한 수단을 써서 세속의 안락함을 얻기 위해 애쓴다. 이런 노력은 너무나도 당연하다. 이는 인간 본성에서 더 훌륭한 면을 계발하는 데 필요할 뿐만 아니라 가족을 부양할 수 있게 해주는 물질적 만족을 보장한다. 사도 바울이 말했듯, 이런 능력을 갖추지 못한 사람은 "불신자보다 못하다."

이런 물질적 의무는 결코 하찮은 의무가 아니며, 다른 사람이 우리에게 보여주는 존경심도 우리가 인생에서 명예로운 발전을 위해 자신에게 주어진 기회를 어떻게 활용하는가에 크게 좌우된다. 인생에서 이런 목표를 세우고 성공하기 위해 필요한 노력을 기울이는 것은 자존감을 향상시키고 실용적인 자질을 일깨우며 인내심이나 참을성 같은 미덕을 발휘할 수 있도록 단련시킴으로써 그 자체로 좋은 교육이 된다.

정당하게 번 돈을 아껴 쓰는 사람이
자신의 운명의 주인으로 산다

어느 나라든 하루 벌어 하루 먹고사는 계층이 있다는 것은 신의 뜻이다. 그렇다면 그 자체로는 지혜롭고 옳은 것이다. 만일 이 계층이 검소하게 만족하는 삶, 지적이고 행복한 삶을 살지 못한다면 이는 오로지 그들 개인이 나약하고 방종하며 비뚤어진 심성을 가졌기 때문이다.

노동자 사이에서 생겨나는 건전한 자조의 정신이야말로 다른 사람을 아래로 끌어내리지 않고도 종교와 지성, 덕행의 수준을 높이 끌어올려 이들을 사회의 어엿한 계층으로 육성하는 데 더 좋은 방법이다. 몽테뉴는 이렇게 말했다. "모든 도덕철학은 가장 화려한 삶뿐만 아니라 가장 평범하고 사적인 삶에도 적용할 수 있다. 사람은 누구나 자기 안에 인간으로서의 조건을 온전한 형태로 갖추고 있기 때문이다."

살면서 반드시 대비해야 할 우발적인 일 세 가지가 있다. 실직, 질병, 죽음이 바로 그것이다. 실직이나 질병이야 어찌하면 피할 수도 있겠지만 죽음은 피할 길이 없다. 하지만 분별력 있는 사람이라면 이런 우발적인 일이 어느 하나라도 벌어질 때, 자기 자신뿐만 아니라 자신에게 안락과 생계를 의존하고 있는 가족이 겪게 될 고통의 압박을 최대한 줄이고 대비해야 할 의무가 있다.

이런 관점에서 보면, 정당하게 돈을 벌고 아껴 쓰는 일이 가장 중요하다. 정당하게 번 돈은 부지런하게 일하고 꾸준히 노력하며 온갖 유혹을 물리친 끝에 자기 희망이 보답 받는 것이다. 돈을 올바르게 쓴다는 것은 고결한 인격의 진정한 바탕이 되는 분별력과 신중함과 극기를 보여주는 표시다.

돈이 가치나 효용이라고는 하나도 없는 사물을 표현할 때도 있지만 큰 가치를 지닌 수많은 대상, 즉 의식주의 만족뿐만 아니라 개인적인 자존감과 자립심을 표현하기도 한다. 따라서 일하는 사람에게 저축은 가난에서 자신을 지켜주는 방벽이다. 또한 생활의 발판을 마련해 더 좋은 날이 올 때까지 기쁜 마음으로 희망을 품고 기다릴 수 있게 해준다.

세상에서 더 확고한 지위를 얻기 위해 기울이는 노력은 그 자체로 존엄한 행위일뿐더러 사람을 더 강하고 더 훌륭하게 만드는 경향이 있다. 저축은 어떤 상황에서도 사람에게 더 큰 행동의 자유를 주고 힘을 아껴 미래의 노력에 그 힘을 쏟아부을 수 있게 해준다.

　하지만 늘 궁핍 직전의 상태에서 서성이는 사람은 노예의 처지와 다를 바 없다. 그는 결코 자기 운명의 주인이 아니며, 늘 다른 사람의 속박을 받고 다른 사람이 그에게 명령하는 조건을 그대로 받아들여야 할 위험에 놓여 있다. 그는 감히 세상을 직시하지 못하며 역경에 처하면 구호물자나 극빈수당에 기대야 하기에, 어느 정도 굴종적인 자세를 취할 수밖에 없다. 일이 완전히 잘못되면 다른 분야로 전직할 방도가 없다. 마치 바위에 달라붙은 조개처럼 자신이 사는 교구에 붙들려서 이주하거나 이민을 떠나지 못하는 신세에 처한다.

절약이야말로 자조의 정신을
가장 훌륭하게 보여주는 방식이다

경제적으로 자립하려면, 그저 절약을 실천하기만 하면 된다. 절약하는 데는 무슨 대단한 용기나 뛰어난 덕성 따위는 필요치 않다. 일상에서 발휘하는 힘과 평범한 정신력 정도면 충분하다. 근본적으로 절약은 집안일을 관리하는 데 적용되는 질서의 정신으로, 관리와 규칙성, 신중함, 알뜰함을 뜻한다.

예수도 절약 정신을 이렇게 표현했다. "조금도 버리지 말고 남은 조각을 다 모아들여라." 예수는 전능했어도 인생에서 사소한 것을 가벼이 여기지 않았다. 심지어 자신의 무한한 능력을 대중에게 드러내 보일 때도 모든 사람이 주의를 기울여야 할 의미심장한 가르침을 베푼 것이다.

절약은 또한 미래에 얻게 될 유익을 위해서 현재의 만족을 거부하는 힘이다. 이런 점에서 절약은 이성이 동물적 본능보다 상위에 있음을 나타낸다. 이런 절약은 언제든지 남에게 베풀 수 있는 최고의 여력을 제공한다는 점에서 인색함과는 전혀 다르다.

절약은 돈을 우상화하지 않고 그저 유용한 수단으로 여기는 행위이다. 작가 조너선 스위프트는 이렇게 말했다. "돈은 머리에 넣고 다녀라. 절대 가슴에 담지 마라." 절약은 분별력의 딸이자 절제의 누이이며 자유의 어머니라 불린다. 또한 인격과 가정의 행복과 사회의 안녕을 지키는 보호자인 것도 분명하다. 요컨대 절약은 자조의 정신을 가장 훌륭하게 보여주는 방식이라 할 수 있다.

자기 수입에 맞게 살려고 노력하며, 자신의 분수에 맞게 삶을 꾸리자

누구나 자기 수입에 맞게 살려고 노력해야 한다. 이런 습관이 바로 정직성의 정수다. 자신의 분수에 맞게 삶을 꾸려나가지 않으면 다른 누군가의 재산에 기대어 부정직하게 살아갈 수밖에 없기 때문이다.

다른 사람의 안위는 전혀 생각하지 않고 오로지 자기의 만족만을 생각하며 돈을 헤프게 써버리다가 돈의 진정한 사용법을 깨달았을 때는 이미 늦어버린 경우가 흔하다. 관대한 성격을 타고났더라도 이렇게 낭비하다 보면 결국 아주 옳지 못한 짓을 하도록 내몰리는 경우가 많다.

이들은 자기 시간을 허비하듯 돈도 그렇게 허비한다. 얼마를 벌지 짐작해보고 미래를 담보로 돈을 끌어다 쓰다가, 빚과 채무 부담에 질질 끌려 다니게 된다. 이런 빚이나 채무는 자유롭고 독립적인 인간으로서의 활동에 심각한 영향을 미친다.

베이컨은 "절약해야 할 때 돈 몇 푼 벌겠다고 몸을 낮추기보다는 적은 금액이라도 저축하려고 노력하는 편이 더 낫다"는 격언을 남겼다. 많은 사람이 돈을 쓸데없이 낭비해버리지만, 돈은 부귀와 자립의 바탕이 되기도 한다. 이렇게 씀씀이가 헤픈 사람은 대개 이 세상이 불의하다고 푸념하지만, 이들에게 최대의 적은 바로 자기 자신이다.

적당한 재산을 가지고 정돈된 삶을 사는 사람은 남을 돕기 위해 항상 자기 주머니에 뭔가를 남겨두지만, 씀씀이가 헤프고 경솔한 사람은 가진 것을 다 써버려 남을 도울 기회를 전혀 얻지 못한다. 하지만 제대로 절약하지 않으면 쓸모없는 사람이 된다. 편협한 마음으로 살거나 거래하는 사람은 보통 근시안적이기 때문에 결국 실패하게 된다.

1페니짜리 영혼으로는 2페니짜리 인간이 되지 못한다고들 한다. 관대함이나 후함도 정직함처럼 결국에는 최선의 방책이다.

소설 『웨이크필드의 목사(Vicar of Wakefield)』에 등장하는 젠킨슨은 매년 갖은 방법으로 선량한 이웃 플램버러를 등쳐먹었지만 이렇게 투덜댄다. "플램버러는 점점 더 부자가 되는데, 나는 점점 더 가난에 쪼들리다가 감옥에 갔다." 우리의 실제 삶은 관대하고 정직한 방침에서 비롯된 사례로 가득하다.

거짓이 거짓을 계속 낳듯
빛이 빛을 계속 낳는다

"빈 자루는 똑바로 서지 못한다"라는 속담이 있다. 빚진 사람도 마찬가지다. 빚진 사람이 진실하기는 어렵다. 그래서 거짓말이 빚의 등을 타고 다닌다고들 한다. 채무자는 빚진 돈을 갚을 날을 연기하려고 핑곗거리를 만들어 채권자에게 둘러대든가 아니면 거짓말을 꾸며내는 일도 생긴다.

단단히 결심하면 애당초 빚을 지는 일을 쉽게 피할 수 있지만 빚을 갚아본 경험은 또 다른 빚을 지도록 유혹하기도 한다. 그러다가 머지않아 불운한 채무자는 빚에 묶여 아무리 부지런히 애를 써봐도 빚에서 벗어나지 못하게 된다.

처음 빚을 지는 것은 처음 거짓말을 하는 것과 같다. 필연적으로 똑같은 과정을 거치면서 거짓이 거짓을 낳듯 빚이 빚을 낳는다. 화가 헤이든에게는 처음 돈을 빌린 날이 바로 그의 인생이 내리막에 들어선 날이었다. 그는 "돈을 빌린 자는 슬퍼하게 될 것"이라는 속담이 진실임을 몸소 깨달았다. 그가 쓴 일기에는 이런 중요한 대목이 있다. "여기에서 내가 여전히 벗어나지 못했고 살아있는 동안 헤어나지 못할 부채와 채무가 시작되었다."

헤이든의 자서전은 돈 문제와 관련된 곤경이 주는 마음에 사무치는 고통과 일을 하지 못해서 생기는 무력감, 끊임없이 되풀이되는 굴욕감에 대해 너무나도 생생하게 보여주고 있다. 그는 해군에 입대하는 한 젊은이에게 이런 충고를 담아 편지를 써보냈다. "남에게 돈을 빌려야만 살 수 있다면 어떤 즐거움도 사지 말게나. 돈을 빌리지 말게. 품위를 떨어뜨리는 일이니까 말일세. 절대로 돈을 빌려주지 말라는 말이 아닐세. 돈을 빌려주고 그 때문에 자네가 진 빚을 갚지 못할 처지가 되면 절대 빌려주지 말라는 말이네. 하지만 상황이 어떻든 돈은 절대로 빌리지 말게나."

누구에게도 빚지지 않는 것을
첫 번째 관심사로 삼아라

존슨 박사는 "초년의 빚은 곧 파멸"이라고 주장했다. 이 문제에 관한 그의 말은 중요하고 두고두고 기억해둘 만하다. 그는 이렇게 말했다. "빚을 그저 조금 불편한 일처럼 생각하는 데 익숙해지지 마라. 훗날 그 빚이 재앙임을 깨닫게 될 것이다. 가난은 좋은 일을 할 수 있는 수많은 수단을 빼앗아 갈뿐더러 자연적이거나 도덕적인 악에 저항하지 못하도록 무기력한 상태를 낳기에 도덕적인 모든 수단을 동원해서 반드시 피해야 한다. 누구에게도 빚지지 않는 것을 첫 번째 관심사로 삼아라. 어떻게든 쓰는 돈을 줄여서 가난하게 살지 않겠다고 마음먹어라. 가난은 인간의 행복에 가장 큰 적이며, 자유를 파괴하고 어떤 미덕은 실행 불가능하게, 다른 미덕은 극히 어렵게 만든다. 검소함은 평화뿐만 아니라 자선의 밑바탕이다. 누구도 스스로 도움이 필요한 상태에서 다른 사람을 도울 수는 없다. 우리는 남에게 베풀려면 충분히 가져야 한다."

당면한 일을 살피고 수입과 지출을 계산해서 기록하는 것은 누구나 반드시 지켜야 할 의무다. 이렇게 아주 간단한 계산은 큰 가치가 있다. 절약하려면 삶의 규모를 수입에 맞춰 끌어올리지 말고 그 아래로 끌어내려야 한다. 하지만 이는 수입과 지출을 맞출 수 있는 생활 계획을 충실하게 이행할 때만 가능한 일이다. 철학자 존 로크는 이런 과정을 강력하게 권고하면서 이렇게 말했다. "분수에 맞게 생활하려면 규칙적으로 수입과 지출을 계산해 보면서 자기 상황을 끊임없이 살피는 것보다 더 좋은 것은 없다."

웰링턴 공작은 자신의 수입과 지출을 모두 상세하고 정확하게 기록해두었다. 그는 소설가 글레이그에게 이렇게 말했다. "나는 지불해야 할 돈은 내 손으로 직접 지불하는 것을 원칙으로 삼고 있다네. 다른 사람에게도 그렇게 하라고 권하고 있지. 예전에는 충직한 하인 한 명에게 대신 지불하라고 맡기곤 했네만, 어느 날 아침에 한두 해씩 밀린 독촉장을 받고 깜짝 놀란 적이 있었네. 그 일을 계기로 그 어리석은 버릇을 고치게 됐지.

그 친구가 내 돈으로 투기하면서 낼 돈을 내지 않았던 게지."
웰링턴은 빚에 대해서 이렇게 말했다. "빚은 사람을 노예로 만든다. 돈이 부족하다는 게 어떤 것인지 종종 겪어보기도 했지만, 빚만은 절대로 지지 않았다."

용감하게 유혹에 맞서면,
그 첫 번째 결정이 평생 힘이 되어준다

젊은이는 인생을 살아가면서 양쪽에 유혹이 길게 늘어선 길을 지나고, 이런 유혹에 굴복하면 성도의 차이는 있을지언정 불가피하게 타락의 길에 들어서게 된다. 이런 유혹과 접촉하면 자기도 모르는 사이에 자기 본성에 채워진 번뜩이는 요소 일부가 빠져나간다.

그런 유혹에 저항하는 유일한 방법은 "아니요"라고 당당하고 단호하게 말하고, 그 말을 그대로 실천하는 길뿐이다. 앞뒤를 살피고 이유를 찾느라 시간을 허비하지 말고 단번에 결정을 내려야 한다. 생각만 하다 보면 실패하기 마련이기 때문이다. 결정은 내리지 않고 심사숙고만 하는 사람이 많지만, '결단을 내리지 않는 것도 일종의 결단'이다.

"우리를 유혹에 빠지지 말게 하시고"라는 기도문에는 인간에 대한 완벽한 지식이 담겨 있다. 하지만 유혹이 찾아와 젊은 이의 힘을 시험한다. 일단 유혹에 굴복하면 저항할 힘은 점점 더 약해진다. 일단 굴복하고 나면 덕성의 일부가 사라진다. 용감하게 유혹에 맞서라, 그러면 첫 번째 결정이 평생 힘이 되어줄 것이다. 그런 결정이 거듭되면 습관이 된다.

바로 이렇게 인생 초년에 형성된 습관의 외벽에 유혹으로부터 자기를 지키는 진정한 힘이 놓여 있다. 우리는 주로 습관이라는 매개체를 통해 도덕적 실존을 지속해 나감으로써 내면의 위대한 원칙이 마모되는 것을 막을 수 있기 때문이다. 좋은 습관은 살면서 알아차리지 못할 정도로 미미한 수많은 행동에 스며들어 인간의 도덕적 품행을 이루는 훨씬 더 큰 부분이 된다.

지리학자 휴 밀러는 젊은 시절에 했던 결단이 어떻게 노동하는 삶에 곧잘 따라붙는 강력한 유혹으로부터 자신을 구해냈는지 그 사연을 털어놓았다. 석공으로 일하던 시절, 가끔 동료와 함께 술을 마시곤 했는데, 어느 날엔가 위스키 두 잔을 마시고는 집으로 돌아왔다. 집에 돌아와 자신이 애독하는 베이컨의 『수상록(Essays)』을 펴서 읽으려고 하자 글자가 눈앞에서 춤을 추는 바람에 책에 쓰여 있는 말이 대체 무슨 뜻인지 파악할 수 없었다.

휴 밀러는 당시 상황을 이렇게 말했다. "내가 자초한 그 상태는 일종의 정신적 퇴보라는 생각이 들었다. 그동안 내가 한 행동으로 내 지적 수준이 원래 있어야 할 수준 아래로 떨어진 것이었다. 그 상태가 어떤 결심을 하기에 썩 좋은 상태는 아니었지만, 그 자리에서 다시는 지적인 즐거움을 누릴 수 있는 능력을 희생시켜 가면서까지 술을 마시지는 않겠노라고 다짐했다. 그리고 신의 도움으로 지금까지 그 다짐을 지켜 올 수 있었다."

바로 이 같은 결정이 한 사람의 인생을 뒤바꿀 전환점이 되며, 그가 앞으로 갖게 될 인격의 토대가 된다. 만약 휴 빌러가 제때 도덕적 힘을 발휘해서 벗어나지 않았더라면 그 암초에 걸려 좌초하고 말았을 것이다. 젊은이든 성인이든 이 암초를 늘 경계해야 한다. 그것은 젊은 시절 겪게 되는 커다란 유혹이자 동시에 최악이고 가장 치명적인 유혹 가운데 하나이기도 하다. 월터 스콧은 이렇게 말하곤 했다. "모든 해악 가운데 위대함과 어울리지 않기로는 음주가 으뜸이다."

음주는 절약과 예의, 건강, 정직한 삶과도 어울리지 않는다. 절제할 수 없다면 아예 금주해야 한다. 존슨 박사의 사례는 많은 사람이 겪는 일이기도 하다. 그는 자기 습관을 가리켜 이렇게 말했다. "나는 술을 끊을 수는 있지만 절제하지는 못한다."

하지만 모든 악습과 치열하게 싸워 이기려면, 검약이라는 세속적인 기준에서 싸우기보단 자신의 도덕성을 더 높은 수준으로 고양하도록 힘을 쏟아야 한다. 서약 같은 기계적인 방법이 도움이 되는 사람도 있겠지만, 중요한 것은 생각과 행동의 기준을 높이 설정하고 습관을 바꿔 나가며 자기 원칙을 강화하고 가다듬기 위해 노력하는 것이다.

이런 목적을 이루려면, 젊은이는 자신을 돌아보고 행동을 조심해야 하며 자기 생각과 행동을 자신이 세운 원칙과 비교해야 한다. 자기 자신에 대해서 알면 알게 될수록 더 겸손해지며, 자신의 힘을 과신하지 않게 될 것이다. 이런 규율은 장래에 더 크고 높은 것을 얻기 위해서 현재의 작은 만족을 참아냄으로써 얻어진다.

작은 돈이라도 주의를 기울여
꼼꼼하고 의미 있게 사용해야 한다

그저 부지런히 일하고 절약하면 평범한 능력을 지닌 사람이 어도 자기 수입으로 어느 정도 경제적 자립을 이루는 데 큰 도움이 된다. 자신의 자원을 관리하는 데 주의를 기울이고 쓸데 없이 지출이 새어나가는 항목을 감시하면, 노동자도 자립할 수 있다.

1페니는 아주 작은 돈이지만, 수많은 가정의 안위는 그런 푼돈을 적절히 아껴 쓰고 저축하는 일에 달려 있다. 아무리 열심히 일을 해서 몇 푼을 벌었더라도 술집에 드나들고 이런저런 일에 쓰면서 낭비하면 짐승보다 나은 삶을 살기 어렵다.

반면에 푼돈이라도 잘 관리해서 일부는 매주 공제조합이나 보험에 넣고 나머지는 은행에 저축한다거나 아니면 남은 돈을 아내에게 맡겨 가족의 안락한 생계와 교육을 위해 쓰도록 한다면, 머지않아 이렇게 작은 일에 기울였던 주의가 풍성한 보상으로 되돌아오는 것을 발견하게 될 것이다. 재산은 늘어나고 가정은 더욱 평안해지며, 마음은 미래에 대한 두려움에서 벗어나게 된다.

야망이 크고 정신이 풍요로운 것은 세속적인 모든 소유물을 훌쩍 뛰어넘는 부의 일종으로, 이렇게 큰 야망과 풍요로운 정신을 가진 사람은 자신에게도 그렇지만 살아가는 동안 인연을 맺게 될 다른 사람에게도 유익한 조력자가 된다.

이는 공장에서 일하는 평범한 노동자에게도 가능한 일이다. 맨체스터 출신의 교도소 개혁 운동가이자 자선가인 토머스 라이트의 놀라운 삶이 이를 잘 보여준다. 토머스 라이트는 주물 공장에서 주급을 받으며 일하는 처지였지만 수많은 범죄자를 교화하려고 노력을 기울였고 성공을 거두었다.

토머스 라이트는 우연한 기회에 출옥한 전과자가 정직하고 부지런하게 일하는 습관을 되찾으려고 하지만, 그 과정에서 어려움을 겪고 있다는 사실을 알고선 이 문제에 관심을 기울이기 시작했다. 머지않아 이 문제가 그의 마음을 온통 사로잡았고, 악을 치유하는 것이 인생의 목표가 되었다. 그는 아침 6시부터 저녁 6시까지 일했지만, 여가 시간을 활용해 죄수를 위한 봉사 활동에 전력했다.

당시 죄수는 지금보다 훨씬 더 냉대 받는 계층이었다. 하지만 하루에 단 몇 분이라도 잘 활용하면 큰 효과를 거둘 수 있었다. 좀처럼 믿기 힘든 소리로 들리겠지만 이 노동자는 10년 동안 꾸준히 자신의 목표를 견지한 결과 300명이 넘는 강력범을 악행을 저지르는 삶에서 구해내는 데 성공했다. 그는 맨체스터 중앙 형사 법원의 정신 담당의로 근무하게 되었고, 교도소의 사제나 다른 전문가 모두가 실패한 때에도 그는 종종 성공을 거두었다. 그가 구해낸 아이들이 부모에게 돌아갔고 그렇지 않았더라면 잃어버리고 말았을 아들과 딸이 가정을 되찾았으며, 수많은 전과자가 자리를 잡고 정직하고 부지런한 일을 하면서 삶을 꾸려갈 수 있도록 노력했다.

이는 결코 쉬운 일이 아니었다. 돈과 시간, 활동력, 분별력, 그리고 무엇보다도 인격과 그런 인격이 불러일으키는 자신감이 필요했다. 가장 주목해야 할 점은 라이트가 주물공장에서 일하면서 번 '적은 돈'으로 이렇게 사회에서 소외된 불쌍한 사람을 구했다는 것이다. 그는 일하는 기간 내내 연평균 100파운드에도 미치지 못하는 적은 돈으로 이 모든 일을 해냈다. 전과

자에게 실질적인 도움을 주면서도 자신은 인간이라면 누구나 흔히 남에게 받을 수 있는 정도의 친절한 대접 말고는 그 어떤 신세도 지지 않았다.

그런 와중에도 그는 가족을 안락하게 부양했고 검소하고 신중한 생활을 통해서 다가오는 노년에 대비해 저축까지 할 수 있었다. 매주 그는 음식이나 옷과 같은 생필품, 집세, 교육비, 가난하고 불우한 이웃을 위해 사용할 금액 등으로 지출 분야를 나누어놓고, 이렇게 분배해놓은 금액을 철저히 지켰다.

이 평범한 노동자는 이런 방식으로 위대한 일을 해나갔고, 그 결과는 위에서 설명한 바와 같다. 실제로 그의 삶은 어느 한 사람에게서 목표의 힘, 작은 돈이라도 주의를 기울여 꼼꼼하게 사용할 때 이 돈이 발휘하는 위력, 그리고 무엇보다도 열정적이고 올곧은 인격이 다른 사람의 삶과 행동에 미치는 영향력을 놀랍고도 인상적으로 보여주는 사례다.

그 어떤 일이든 올바른 일이라면
부끄러운 게 아니라 명예로운 것이다

땅을 경작하든, 도구를 만들든, 옷감을 짜든, 아니면 상점에서 물건을 팔든, 어떤 분야에서든 올바른 일이라면 부끄러운 게 아니라 명예로운 것이다. 누군가가 자로 리본의 길이를 재는 직업을 가지고 있다고 해도, 그의 정신이 자만큼 짧고 리본만큼 좁지 않다면 그 직업에 부끄러움을 느낄 이유는 없다.

유명한 설교가 풀러는 이렇게 말했다. "직업이 있는 사람은 부끄러워하지 말라. 부끄러워해야 할 사람은 합법적인 직업이 없는 사람이다." 또한 홀 주교는 이렇게 말했다. "이마에서 흐르든, 마음에서 흘리든, 땀은 모든 직업의 운명이다."

미천한 직업에서 출세한 사람은 부끄러워할 필요가 없다. 오히려 자신이 역경을 이겨냈다는 사실을 자랑스럽게 여겨야 한다. 어느 미국 대통령은 당신 가문의 문장(紋章)이 무엇이냐는 질문을 받자, 벌목꾼으로 일했던 젊은 시절을 떠올리고선 '셔츠 소매'라고 대답했다. 한번은 어느 프랑스 의사가 님므 교구의 플레시에 주교를 두고 젊은 시절에 수지로 양초를 만들어 팔던 비천한 출신이라고 비웃자, 플레시에는 이렇게 대꾸했다. "당신이 나와 똑같은 환경에서 태어났으면, 아마 여전히 양초를 만들고 있겠죠."

어떤 드높은 목적 없이 돈을 벌고 축적하는 데 온 힘을 다 쏟는 사람만큼 흔한 것도 없다. 이런 일에 자기 몸과 마음을 바치는 사람이 부자가 된다. 굳이 머리를 쓸 필요도 없다. 번 것보다 적게 쓰고, 한푼 한푼 긁어모으다 보면 금 더미가 점점 커진다.

파리의 은행가 오스터왈드는 인생을 가난하게 시작했다. 그는 매일 저녁 자신이 들른 선술집에서 저녁 대신 맥주를 한 잔 마시면서 자신이 모을 수 있는 코르크 마개를 있는 대로 주워 모아 주머니에 넣곤 했다. 8년 동안 그런 식으로 코르크 마개를 모아 판 돈이 무려 8루이도르(프랑스 대혁명 때까지 통용되던 20프랑짜리 금화 - 옮긴이)였다. 그는 이 돈을 밑천으로 주식 매매업에 뛰어들었고 큰 부자가 되었다. 그는 죽으면서 유산으로 300만 프랑을 남겼다.

나이 들어 재산을 쌓아두기만 하면
편협한 영혼의 소유자로 늙어 간다

노년에는 자기 자신의 안락을 챙기고 경제적으로 자립하며 다른 사람에게도 도움을 베푸는 것은 명예로운 일이며 권상할 만한 일이다. 하지만 단순히 재산을 쌓아두기만 하는 것은 편협한 영혼과 수전노의 특징이다.

현명한 사람이라면 지나치게 저축에만 매달리는 이런 습관이 몸에 배지 않도록 주의를 기울여야 한다. 그렇지 않으면 젊었을 때는 그저 절약하는 것에 불과했지만 나이 들어서는 탐욕으로 변하고, 어떤 경우에는 의무였던 것이 다른 경우에는 악덕이 될 수 있다.

'악의 뿌리'는 돈 그 자체가 아니라 돈에 대한 집착이며, 이런 집착은 영혼을 편협하게 만들고 위축시키며 너그러운 삶과 행동에 대해 마음의 문을 닫아 건다. 그렇기에 월터 스콧은 등장인물 중 한 사람에게 이렇게 선언하게 한다. "빼든 칼에 죽는 육체보다 돈에 죽는 영혼이 더 많다."

　지나치게 사업만 생각하는 마음가짐의 단점은 자기도 모르는 사이에 인격이 그런 마음가짐에 따라 움직인다는 점이다. 사업가가 판에 박힌 생활에 빠져 지내다 보면 그 너머를 보지 못하는 경우가 흔하다. 사업가가 자신만을 위해서 살면, 다른 사람이 자기 목적에 도움이 될 때만 그들에게 관심을 가지기 쉽다. 그런 사람을 본받으면 그 사람처럼 살게 된다.

돈벌이의 논리보다 더 고매한 논리를 깨닫지 못한 사람은 가련한 존재다

재산의 축적으로 가늠되는 세속적 성공이 매우 매혹적인 목표라는 사실은 의심할 여지가 없다. 정도의 차이는 있겠지만 사람은 그 본성상 누구나 세속적 성공을 우러러보기 마련이다. 끈기 있고 예리하며 재주가 뛰어나긴 해도 부도덕한 습관을 지닌 사람은 늘 정신을 바짝 차리고 기회를 잡아 세속적인 성공을 거둘 수도 있고 실제로 성공하기도 하지만, 인격은 조금도 나아지지 않으며 진정한 선함은 눈곱만큼도 갖추지 못할 가능성이 아주 크다.

돈벌이의 논리보다 더 고매한 논리를 깨닫지 못한 사람이라도 큰 부자가 될 수는 있겠지만, 평생을 대단히 가련한 존재로 살아가게 된다. 부귀함은 도덕적 가치를 보여주는 아무런 증거도 되지 못하며, 그 광휘는 마치 반딧불이의 빛이 유충의 모습을 비춰 주듯 부자의 무가치함을 밝혀줄 뿐이다.

많은 사람이 부에 대한 집착으로 자신을 희생시키는 모습을 보면 인간종을 닮은 원숭이의 탐욕이 연상된다. 알제리의 커바일족 농부는 호리병을 나무에 단단히 고정하고 그 안에 쌀을 약간 넣어둔다. 호리병 주둥이는 원숭이 손이 간신히 들어갈 만한 크기다. 밤이 되면 원숭이가 그 나무에 와서 호리병에 손을 집어넣고는 쌀을 꽉 움켜쥔다. 원숭이는 호리병에서 손을 빼려고 하지만 주먹을 쥔 손은 빠지지 않는다. 원숭이에게는 주먹 쥔 손을 풀고 손을 빼낼 만한 지혜가 없다. 바보스럽게 보일지도 모르겠지만 그렇게 손에 쌀을 꼭 쥔 채로 아침까지 있다가 사람에게 붙잡힌다. 이 짧은 이야기가 주는 교훈은 인생에도 아주 폭넓게 적용될 수 있다.

돈의 힘은 전반적으로 과장되어 있다. 이 세상을 위해 행해진 일 가운데 가장 위대한 일은 부자나 기부금을 많이 내는 사람이 아니라 대체로 가난한 사람의 손에서 이루어졌다. 기독교를 전 세계의 절반이 넘는 지역에 전파한 이들도 극빈층이었다. 위대한 사상가나 발견자, 발명가, 예술가도 재산이 그리 많지 않았으며, 그중 많은 이들은 육체노동이라는 조건에서 크게 벗어나지 못했다. 그리고 이런 현상은 앞으로도 쭉 이어질 것이다. 부유함은 행동을 일깨우기보다 방해하는 경우가 더 많고, 은총이라기보다는 불행에 훨씬 더 가까운 경우도 많다.

재산을 물려받은 젊은이에게 인생은 너무 쉬운 것이고 더 이상 바랄 것이 없다 보니 이내 그런 삶에 염증을 느끼기 쉽다. 치열하게 싸워서 얻어야 할 특별한 목적이 없으니 남아도는 시간을 주체하지 못하고 도덕적으로나 정신적으로 잠들어 있는 상태에 놓이게 된다. 사회에서 그의 위치는 물결에 떠밀려 다니는 부평초보다 나을 것이 없다.

하지만 정신이 올바르게 박힌 부자라면 게으름을 나약한 심성이라고 일축할 것이다. 부와 재산의 소유에 책임감이 뒤따른다는 사실을 유념한다면 자기보다 가난한 운명을 타고난 사람보다 훨씬 더 큰 소명이 자신에게 있음을 느낄 것이다. 하지만 현실은 그렇지 않음을 인정할 수밖에 없다.

아구르는 솔로몬의 측근으로 왕을 보좌하며 잠언을 기록했다고 전하는데, 그가 남긴 완벽한 기도문은 우리가 아는 한에서 우리에게 최선의 삶이 무엇인지를 보여준다. "가난하게도 마옵시고, 부하게도 마옵시고, 오직 필요한 양식으로 저를 먹이소서."

하원의원을 지냈던 조지프 브라더튼은 맨체스터 필 파크에 자신의 기념비에 이런 멋진 좌우명을 남겼다. "나의 부귀는 재산이 많은 데 있지 않고 욕심이 적은 데 있다." 그의 삶을 보면 이 말은 분명한 사실이다.

조지프 브라더튼은 가장 미천한 신분인 소년공에서 출발해 그저 솔직담백함과 부지런함, 철저한 시간관념과 극기를 실천함으로써 사회에 큰 영향력을 미치는 높은 지위까지 올라섰다. 말년에는 의원직에서 물러난 후 맨체스터의 작은 교회에 목사로 부임해 자기 소임을 다했다. 그가 이 모든 일에서 추구한 영광은 사람 사이에서 눈에 띄는 인물이 된다거나 그들의 칭송을 불러일으키는 것이 아니라, 자신에게 주어진 것이라면 가장 보잘것없고 비천한 일까지도 정직하고 진실하고 사랑하는 마음으로 매일 매일의 소임을 다했다는 평을 얻는 것이었다.

돈이 일종의 힘인 것은 맞지만,
지성과 공공심이 훨씬 더 고결한 힘이다

긍정적인 의미에서의 '체면'은 좋은 것이다. 체면을 지키는 사람은 존중할 만한 가치가 있는, 다시 돌아볼 가치가 있는 사람이다. 하지만 그저 겉모습을 지키는 데 불과한 체면은 어떤 의미로든 돌아볼 가치가 없다.

못된 부자보다 착한 가난뱅이가 훨씬 더 훌륭하고 존경받을 만하며, 세련되게 갖춰 입고서 마차를 타고 돌아다니는 불한당보다 옷차림은 수수해도 과묵한 사람이 낫다. 사회에서 그 위치가 어떻든 속이 알차고 균형 잡힌 정신과 유익한 목적이 가득한 삶이 보통의 세속적 체면보다 훨씬 중요하다.

인생에서 최고의 목적은 고결한 인격을 닦고 육체와 정신,

즉 마음과 양심과 감정과 영혼을 가능한 한 최고로 계발하는 것이다. 이것이 진정한 목적이며, 그 밖의 것은 모두 그 수단으로 여겨야 한다.

따라서 가장 성공한 삶은 큰 쾌락과 큰돈을 벌고 대단한 권력이나 지위를 얻으며 큰 명예나 명성을 누리는 삶이 아니라, 최고의 인간성을 닦고 유익한 일과 인간 본연의 의무를 가능한 한 최대로 수행하는 삶이다. 돈이 일종의 힘인 것은 맞지만, 지성과 공공심, 도덕심은 돈보다 훨씬 더 고결한 힘이다.

부사령관으로 트라팔가르 해전에 참전했던 콜링우드 제독은 친구에게 이런 편지를 보냈다. "부족한 것에 초연하려고 노력하다 보니 돈이 없어도 풍족하다네. 어떤 타산적인 동기에도 얽히지 않고 순수한 마음으로 조국에 봉사할 작정이라네. 늙은 스콧과 나는 예전보다 큰돈 들이지 않고도 양배추 농사를 지을 수 있다네." 또 다른 편지에는 이렇게 적고 있다. "내 행동에는 수백 가지 연금을 주더라도 포기하지 않을 동기가 있다네."

큰돈을 번 덕분에 이른바 '상류사회'에 들어갈 수 있겠지만, 거기서 존경을 받으려면 여러 정신적 자질과 함께 예의나 심성을 갖춰야 한다. 그렇지 않은 사람은 그저 돈 많은 사람에 지나지 않을 뿐이다.

지금도 '상류사회'에는 리디아의 마지막 왕 크로이소스처럼 큰 부자면서도 어떤 인정이나 존경도 받지 못하는 이들이 있다. 왜 그럴까? 이들은 그저 돈 많은 부자일 뿐이고 힘이라고 해봐야 이들의 금고에나 있을 뿐이기 때문이다.

여론을 선도하고 좌우하는 사회의 저명인사, 즉 진정으로 성공하고 사회에 도움이 되는 사람들을 보면 이들은 모두 훌륭한 인격과 잘 연마된 경험, 뛰어난 도덕성을 갖추고 있다. 세속적으로 부유하지 못한 사람도 토머스 라이트처럼 인격을 수양하고 기회를 잘 활용하되 남용하지 않으며 자기 재산과 능력을 최대한 사용하는 삶을 만끽하면서 그저 세속적으로 성공했을 뿐인 이들을 한 치의 부러움도 없는 눈길로 내려다볼 수 있다.

Samuel Smiles

자기 수양은
출세가 아니라 지속적인
성장이다

나 자신을 존중하고 계발하는 것이
내 인생의 진정한 의무다

우리는 어떤 사람이 되고 어떻게 행동해야 하는지를 스스로 판단해야 한다. 그저 타인이 어떤 사람이었고 어떻게 행동했는지를 파악하고 생각해 보는 것으로 만족해서는 안 된다.

우리가 지닌 최고의 빛이 삶으로, 최고의 생각이 실천으로 나타나야 한다. 적어도 우리는 독일 소설가 리히터처럼 이렇게 말할 수 있어야 한다. "나는 나 자신에게서 끌어낼 만큼 끌어냈다. 그러니 누구도 내게 더 많은 것을 요구하지 마라." 신의 가호로 자신에게 주어진 책임과 능력에 따라 자기 자신을 갈고닦아 이끄는 것이야말로 개인들의 의무이기 때문이다.

자기 수양과 자기 통제는 실천적 지혜의 출발점이며, 모두 자존감에 그 바탕을 두어야 한다. 희망은 자존감에서 나온다.

희망은 힘의 동반자이자 성공의 어머니다. 강한 희망을 품고 있는 사람이라면 누구든지 제 안에 기적과도 같은 재능을 갖고 있다.

아무리 겸허한 사람이라도 이렇게 말할 수 있다. "나 자신을 존중하고 계발하는 것, 이것이 내 인생의 진정한 의무다. 나는 사회라는 거대한 체계를 구성하는 필수적이고 책임감 있는 일원으로서 사회와 조물주에게 내 육체와 정신이나 본능을 퇴보시키거나 파괴하지 않을 의무를 지고 있다. 나는 있는 힘을 다해서 나를 구성하는 부분에 가능한 한 최고 수준의 완벽함을 부여해야 한다. 악함을 억누르고 내 본성에서 선한 요소를 일깨워야 한다. 나는 자신을 존중하듯 다른 사람도 존중해야 하며, 다른 사람 역시 나를 존중해야 한다." 이렇게 해서 상호 존중과 정의, 질서의 법칙이 성문화되고 보증 받게 된다.

자기 존중 혹은 자존감은 자기 자신에게 입힐 수 있는 옷 중에서 가장 고귀한 것이며 마음에 영감을 불러일으킬 수 있는 가장 고양된 감정이다. 피타고라스의 『Golden Verses(황금시편)』에는 그가 여러 제자에게 일러준 "너 자신을 존중하라"는 지혜로운 격언이 담겨 있다. 이런 높은 이상을 잃지 않은 사람은 육욕으로 자기 육체를 더럽히지도, 비굴한 생각으로 자기 정신을 더럽히지도 않을 것이다.

　이런 정서가 일상생활에 스며들면 청결과 절제, 정결과 도덕성, 그리고 신앙심 같은 모든 미덕의 뿌리에 자리 잡는다. 밀턴은 이렇게 말했다. "자기 자신을 경건하고 올바르게 존중하는 태도는 물기를 공급하는 수원(水源)이며, 바로 여기에서 칭송할 만하고 가치 있는 일이 샘솟는다."

저급한 탐닉의 유혹에 저항하는 힘은
자기 존중감에 비례해서 생긴다

타인의 평가만 나를 낙담시키는 것이 아니라, 자기 자신을 하찮게 생각한다면 자신의 평가에도 낙담하게 된다. 또한 자신을 하찮게 여기는 대로 행동하게 된다. 자신을 내려다보는 한 포부를 가질 수 없고 위로 올라가려면 위를 봐야 한다.

아무리 미천한 사람이라도 자기 존중이라는 이런 적절한 면죄부가 있으면 삶을 지탱해 나갈 수 있다. 가난한 사람이 온갖 유혹 속에서도 자신을 꿋꿋이 다잡으면서 품위를 떨어뜨리는 저급한 행동을 거부하는 모습은 참으로 고귀한 광경이다.

자기 수양을 오로지 '입신양명'의 수단으로만 보는 시각은 자기 수양의 가치를 떨어뜨릴 수 있다. 이런 관점에서 보면, 의문의 여지 없이 교육은 시간과 노력을 들일 만한 최고의 투자이다.

지성은 삶이 어떻게 흘러가든지 환경에 쉽게 적응할 수 있게 해주고, 개선된 작업 방식을 찾아내며, 모든 면에서 더 적합하고 솜씨 있으며 유능한 사람이 되게 한다. 손뿐만 아니라 머리를 함께 써서 일하는 사람은 자기 일을 더 명확히 파악하게 되고 자기 능력이 점점 향상되는 것을 인식하게 되는데, 이는 인간의 정신이 품을 수 있는 의식 중에서 가장 즐거운 의식일 것이다.

자조의 힘이 서서히 커지면 자기 존중감에 비례해서 저급한 탐닉의 유혹에 저항하는 힘이 생긴다. 사회의 움직임을 새로운 관점에서 보게 되고, 공감의 범위가 널리 확장되면서 자기 자신뿐만 아니라 다른 사람을 위해 일하고 싶은 의욕이 생긴다.

자기 수양을 남보다 빠르게 출세하는
도구로 생각해선 안 된다

자기 수양은 출세했다고 끝나지 않는다. 시대를 불문하고 아무리 계몽되었다고 해도 사람은 직업을 가져야 한다. 그리고 사회의 문화 수준이 어떻든 간에, 인간은 반드시 수행되어야 하는 사회의 일상적인 일을 없애지 못한다. 없애는 것이 바람직하다고 하더라도 그럴 수가 없다. 하지만 인간은 그럴 수 있다고 생각한다.

우리는 상류층뿐만 아니라 하층에도 품위를 부여하는 고귀한 사상을 노동과 결합함으로써 노동조건을 개선할 수 있다. 아무리 가난하고 신분이 미천한 사람이더라도, 현재와 과거의 위대한 사상가가 찾아와 그와 한자리에 앉아 잠시라도 말동무가 되어줄 수도 있다. 비록 그의 거처가 보잘것없는 움막에 불과할지라도 말이다. 따라서 올바른 방향에 맞춰 책을 읽는 습관을 들이면 이런 습관은 커다란 기쁨과 자기 발전의 원천이 될 수 있다.

자기 수양이 부귀를 가져다주지는 않더라도 언제나 한층 고양된 사상을 인생의 동반자로 삼을 수 있게 해준다. 언젠가 어느 귀족이 현자에게 경멸적인 어조로 이렇게 물었다. "그래서 선생은 철학으로 얻은 것이 대체 무엇이오?" 그러자 현자는 이렇게 대답했다. "적어도 내 안에 상류사회가 들어있지요."

하지만 많은 사람이 자신이 생각하는 만큼 출세가 빠르지 않다는 이유로 실의에 빠지고 자기를 수양하는 일에 좌절하는 경향이 있다. 도토리를 심고서 하루아침에 떡갈나무로 자라나길 기대하는 것이나 마찬가지다. 이들은 어쩌면 지식을 시장에서 사고파는 상품으로 여기고 이런 지식이 팔리리라고 기대했던 만큼 팔리지 않아서 굴욕감을 느끼는 것인지도 모른다.

트레멘히어가 작성한 1840~1841년도 〈Educational Reports(교육 보고서)〉 중 한 편에 따르면, 노퍽 지역의 어느 교사가 자신이 근무하는 학교의 학생 수가 급격히 줄자 그 원인을 조사했는데, 학부모 대부분이 밝힌 자퇴 이유는 대부분 이러했다. 학부모는 "교육을 받으면 아이가 예전보다 나아질 것"이라고 기대했지만, 교육이 "아이에게 아무 도움도 되지 못했다"는 사실을 알고선 자기 아이를 자퇴시켰고 더는 교육 때문에 골머리를 앓지 않겠다는 것이었다.

자기 수양에 대한 이런 저급한 생각은 다른 계층 사이에도 널리 퍼져 있다. 이런 생각은 잘못된 인생관 때문에 더욱 조장되고 있다. 하지만 자기 수양을 인격을 향상하고 정신적 본성을 확장하는 힘이 아니라 세상에서 남보다 빠르게 출세하거나 지적인 방종과 오락의 수단 정도로 생각하는 태도는 자기 수양을 매우 저급한 수준으로 끌어내리는 꼴이나 마찬가지다. 베이컨은 이렇게 주장한다. "지식은 이득을 얻거나 물건을 파는 가게가 아니라 창조주의 영광과 인간 세계의 구원을 위한 풍요로운 보고다."

성공하지 못했다는 이유로 불평하며 가련한 운명을 탓해선 안 된다

인생의 성공은 지식보단 부지런히 일하고 하는 일에 세심하게 주의를 기울이는 습관에 달려 있는데도, 성공하지 못했다는 이유로 불평하며 자신의 가련한 운명을 탓하는 태도는 소심하고 비뚤어진 마음을 드러내는 것이다.

그런 성향을 로버트 사우디만큼 강하게 질책한 사람은 없다. 사우디는 자신에게 조언을 구하는 친구에게 이런 편지를 써 보냈다. "도움이 된다면 기꺼이 충고했을 걸세. 하지만 스스로 아프겠다고 작정한 사람에게는 백약이 무효한 법이라네. 훌륭한 사람과 현명한 사람도 때로는 세상 돌아가는 꼴을 보고 화를 내고 때로는 슬퍼하기도 하겠지. 하지만 자기 의무를 다한 사람치고 세상에 늘 불만을 늘어놓는 사람은 없다네. 교육을 받

은 사람이 건강하고 두 눈과 두 손 모두 있고 여가를 즐길 시간
도 있는데 한 가지가 부족하다면, 그것은 오로지 전지전능하신
신께서 받을 자격이 없는 사람에게 이미 온갖 축복을 내려주셨
기 때문일세."

영혼이 쾌락에 흠뻑 빠지는 것보다
더 해로운 일은 없다

적당한 오락은 건전한 것이니 권할 만하지만, 과하면 성격 전체를 망치기에 신중히 경계해야 한다. "일만 하고 놀지 않으면 바보가 된다"는 격언이 흔히 인용되곤 하는데, 놀기만 하고 일하지 않으면 훨씬 더 나쁜 상황에 빠질 수 있다.

젊은이에게 자기 영혼이 쾌락에 흠뻑 빠지는 것보다 해로운 일은 없다. 이들의 정신이 지닌 최고의 자질은 손상되고 일상적인 즐거움에서는 재미를 느끼지 못한다. 더 높은 수준의 쾌락을 찾으려는 욕구가 손상된다. 이들이 일과 인생의 의무를 마주하게 되면 대개 혐오감과 염증이 찾아온다.

'방탕한' 사람은 삶의 원동력을 허비해 소진하고 진정한 행복의 원천을 고갈시킨다. 인생의 봄날을 당겨 맞이한 탓에 인격이나 지성을 건전하게 성장시킬 수도 없다. 천진하지 않은 아이, 성실하지 못한 청년은 방종에 빠져 지내느라 자기 청춘을 낭비하고 내던진 사람만큼이나 애처로워 보인다.

프랑스 혁명기의 정치가 미라보는 자신에 대해 이렇게 술회했다. "내 젊은 시절은 이미 인생의 훗날을 위해 거의 아무것도 남기지 않았고, 생명력의 상당 부분을 헛되이 써버렸다." 오늘 다른 사람에게 저지른 잘못이 내일 자신에게 돌아오듯, 젊은 시절에 저지른 죄악은 훗날 드러나서 우리를 괴롭힌다.

베이컨은 "무절제하게 청춘의 힘을 낭비하면 늙어서까지 빚으로 남는다"고 말하면서 인생을 살아가는 동안 아무리 중시해도 지나치지 않을 도덕적 사실뿐만 아니라 육체적 사실도 밝히고 있다.

이탈리아 시인 주스티는 친구에게 이런 편지를 썼다.

"나는 삶을 위해 큰 대가를 치르고 있네. 인생이 우리 뜻대로 되지 않는다는 건 분명하지. 세상은 처음에는 무상으로 베푸는 척하다가 나중에 그 계산서를 보낸다네."

젊은 시절을 무분별하게 보낸 최악의 결과는 건강을 해치는 것이 아니라 인간성을 훼손당하는 일이다. 방탕한 청년은 오점이 있는 성인이 되고 깨끗해지려고 해도 그럴 수 없는 경우가 흔하다. 치료법이 있다면 그 방법은 오로지 마음에 열렬한 의무감을 주입하고 열성적으로 유익한 일에 전념하는 데서 찾을 수 있을 뿐이다.

원칙과 도덕적 일관성이 없다면
빛나는 재능은 오히려 독이 된다

위대한 지적 재능이라는 측면에서 프랑스인 가운데 가장 재능이 뛰어난 인물이 바로 작가 벵자맹 콩스탕이었다. 하지만 20대에 벌써 삶에 심드렁해졌고 그의 삶은 그저 길게 늘어난 비탄의 시간이었을 뿐이었다. 평범한 정도로 부지런하고 자제력이 있었더라면 위대한 업적을 이뤄낼 수 있었을 것이다. 콩스탕은 많은 일을 하겠다고 결심했으나 정작 하나도 하지 못했고, 세간에서는 그를 '변덕쟁이 콩스탕'이라고 부르게 되었다.

콩스탕은 유려한 필치와 재기를 갖춘 작가였고, "세상이 그냥 사라지도록 내버려두지 않을" 그런 책을 쓰겠다는 야심을 품고 있었다. 하지만 콩스탕은 당대 최고의 사유에 영향을 미쳤으면서도 불행히도 실제로는 천박한 삶을 살았고, 그의 책에 담긴 초월적 사상도 그의 천박한 삶을 보상해주지 못했다.

그는 도박장에 뻔질나게 드나들면서도 종교 서적의 집필을 준비했고, 『아돌프의 사랑(Adolphe)』을 쓰는 동안에는 불미스러운 간통 사건에 연루되기도 했다. 탁월한 지성을 소유했음에도 미덕을 전혀 믿지 않았기에 그의 삶은 무기력했다.

"흥! 도대체 명예와 품위가 뭐란 말인가? 살면 살수록 그런 것에 아무 의미도 없다는 사실을 더 분명히 깨닫게 되지." 가련한 콩스탕은 이렇게 울부짖었다. 콩스탕은 자신을 그저 "재와 먼지"에 지나지 않을 뿐이라고 묘사하면서 이렇게 말했다. "나는 불행과 권태를 벗 삼아 이 땅을 그림자처럼 스쳐 지나간다."

콩스탕은 볼테르의 열정을 원했고, 이런 열정이야말로 그가 자신의 천재성보다 더 가지고 싶어 했던 것이었다. 하지만 그에게는 결단력이 없었고 그저 한낱 바람에 지나지 않았다. 이르게 소진되어버린 그의 삶은 온통 끊어진 연결 고리로 가득 차 있을 뿐이었다.

그는 자신이 허공에 한 발을 딛고 있는 사람이라고 말했다. 그는 자기에게 어떤 원칙도 없고 어떤 도덕적 일관성도 없다고 털어놓았다. 그렇기에 그는 빛나는 재능을 가지고도 아무 업적도 남기지 못한 채 오랜 세월 비참하게 생을 이어가다가 지치고 헐벗은 상태로 세상을 떠났다.

　프랑스의 역사가로 『History of Norman Conquest(노르만 정복사)』를 쓴 오귀스탱 티에리는 콩스탕과는 뚜렷하게 대비되는 삶을 살았다. 그의 일생은 인내와 근면과 자기 수양과 지식에 대한 끈질긴 헌신의 놀라운 사례를 보여준다. 그 과정에서 시력과 건강을 잃었지만, 결코 진리에 대한 사랑만은 잃지 않았다. 너무 허약해진 탓에 무기력한 갓난아이처럼 간호사에게 안겨 방을 옮겨 다녀야 했으나 강한 정신력으로 버텨냈다.

　그는 눈이 멀어 무기력한 상황에서도 문필가로 살아온 자신의 삶을 이렇게 규정했다. "학문이 가져다준 이익을 국익으로 계산한다면 전쟁터에서 사지를 잃은 병사가 국가에 모든 것을 바친 것처럼 나도 모든 것을 조국에 바쳤다. 내 노고의 운명이 어찌 되든 간에 내가 보여준 본보기가 앞으로 잊히지 않기를 바란다. 그래서 나라는 본보기가 지금 우리 시대의 질병인 도덕적 나약함과 맞서 싸우고, 무기력한 영혼 중 일부라도 올바른 삶의 길로 되돌리는 데 도움이 되길 바란다."

수시로 마주치는 난관과 실패가
인간을 인간답게 만든다

인간을 인간답게 만드는 건 안락함이 아니라 노력이며, 편의가 아니라 난관이다. 어쩌면 인생의 어느 단계에서도 난관과 마주치지 않을 수는 없으며, 그런 난관을 극복하지 않고서는 마음먹은 정도의 성공을 거둘 수 없다. 하지만 우리가 저지른 실수가 우리가 얻을 수 있는 최고의 경험이듯, 이런 난관은 우리에게 최고의 스승이다.

영국의 정치인으로 초대 외무장관을 지냈던 찰스 제임스 폭스는, 성공 가도를 달리는 화려한 경력의 사람보다 실패했어도 굴하지 않고 계속해 나가는 사람에게서 더 큰 희망을 본다고 말하곤 했다. 그는 이렇게 말을 이었다. "어느 젊은이가 자신의 첫 연설을 훌륭히 해내서 두각을 나타냈다면 그건 아주 좋은 일이겠다. 그 젊은이는 계속 노력해 나갈 수도 있고 첫 번째 성취에 만족할 수도 있을 것이다. 하지만 처음에 성공하지 못했더라도 계속 노력해 나가는 젊은이가 있다면, 나는 그 젊은이가 첫 번째 시도에서 성공했던 사람보다 훨씬 잘 해낼 것이라고 확신한다."

우리는 성공보다 실패에서 더 많은 지혜를 배운다. 우리는 종종 가능하지 않은 일이 무엇인지를 깨달은 후에 가능한 일이 무엇인지 알게 된다. 흡입펌프에는 작업용 양동이가 달려 있었는데 이 양동이를 해수면에서 약 10미터 이상 들어 올리면 펌프가 작동하지 않았다. 이를 보고 관찰력이 뛰어난 몇몇 사람이 대기압의 법칙을 연구했고, 이는 갈릴레오나 토리첼리, 보일 같은 천재에게 새로운 연구의 장을 열어주었다. 존 헌터는 전문가가 자신이 거둔 성공뿐만 아니라 실패까지도 공표할 수 있는 용기를 가지게 되어야 비로소 외과학이 발전할 것이라고 언급하곤 했다.

기술자였던 제임스 와트는 기계 공학 분야에서 가장 필요한 것은 실패의 역사라고 지적하면서 이렇게 말했다. "우리에게 필요한 건 오점을 기록한 책이다." 한번은 화학자 험프리 데이비에게 교묘하게 조작된 실험을 보여주었을 때 그는 이렇게 말했다. "내가 솜씨 좋은 조작자로 태어나지 않은 것에 대해 신께 감사드린다. 내가 한 발견 가운데 가장 중요한 것은 모두 여러 번의 실패를 통해서 이루어진 것이니 말이다."

또 다른 저명한 물리학 연구자는 연구 과정에서 겉보기에 극복할 수 없을 것 같은 장애물에 봉착할 때면 언제나 대개 자신이 어떤 발견을 목전에 두고 있었다는 기록을 남겼다. 위대한 사상, 위대한 발견이나 발명 같은 위대한 업적은 대개 고난 속에서 싹트고 슬픔 속에서 깊이 검토되며 마침내 어려움 속에서 이루어지는 것이다.

베토벤은 이탈리아의 오페라 작곡가 로시니에 대해서 그가 소년 시절에 엄격하게 교육받았다면 훌륭한 음악가가 될 자질을 가지고 있었지만, 음악을 너무 쉽게 만들어내는 바람에 오히려 자기 재능을 망쳐버렸다고 평했다. 스스로 능력이 있다고 생각하는 사람은 부정적인 의견과 마주치는 것을 두려워할 필요가 없다. 오히려 분에 넘치는 찬사와 너무 호의적인 비판을 훨씬 두려워해야 한다.

멘델스존은 버밍엄의 오케스트라에서 자신의 오라토리오 〈엘리아(Elijah)〉를 초연했을 당시, 비평가인 자기 친구에게 웃으면서 이렇게 말했다. "내게 발톱을 계속 들이대게. 자네가 좋아하는 점 말고 싫어하는 점을 말해보란 말일세."

장군은 승리보다 패배를 통해 단련된다고들 하는데 이 말은 사실이다. 워싱턴은 승전보다 패전을 더 많이 겪었지만 결국에는 최후의 승자가 되었다. 로마 군대가 대승을 거둔 전투는 어김없이 거의 패배로 시작되었다. 프랑스 모로 장군의 여러 동료는 그를 '북'에 비유하곤 했는데, 그가 적에게 두들겨 맞았다는 패전 소식만 전했기 때문이다. 군사 분야에서 웰링턴이 보여준 천재성은 명백히 압도적이라고 보이는 난관에 직면했을 때 완성되었다. 이런 난관을 통해 그의 결의는 더욱 단단해졌고, 인간으로서나 장군으로서 그의 위대한 능력을 탁월하게 발휘할 수 있었다.

노련한 뱃사람은 폭풍과 악천후를 겪으면서 최고의 경험을 쌓고, 거기에서 자립심과 용기, 최고 수준의 규율을 배우게 된다. 아마 세계에서 둘째가라면 서러워할 영국 뱃사람이 최고의 훈련을 받을 수 있었던 것은 거친 바다와 혹독한 밤 날씨 덕분일 것이다.

궁핍은 엄한 교사일 수 있겠지만 가장 훌륭한 스승이다. 우리는 혹독한 시련 앞에서 위축되기 마련이지만 시련이 닥치면 용감하고 당당하게 맞서야 한다.

행운이 찾아왔을 때 더 높은 규율과
더 강한 인격이 필요하다

"역경의 쓸모는 참으로 달다." 역경은 우리의 능력을 드러내고, 힘을 불러일으킨다. 인격에 진정한 가치가 있다면 향초(香草)처럼 시련에 짓눌렸을 때 가장 좋은 향기를 내뿜는다. 옛 속담에 이런 말이 있다. "십자가는 천국에 이르는 사다리다." 소설가 리히터는 이렇게 물었다. "그 아래 놓인 사람이 투덜거리게 만드는 가난이란 대체 무엇일까? 그것은 귀에 구멍을 뚫는 고통에 불과하며, 값비싼 보석이 그 상처에 걸린다."

인생을 살다 보면 강력한 역경을 만나게 되고, 그런 역경에 따르는 유익한 단련 과정에는 대개 자기 보존의 영향력이 뒤따른다. 궁핍 아래서도 꿋꿋이 버텨내면서 유쾌하게 장애물을 마주할 수 있었지만, 나중에 풍요로운 생활이 주는 더 위험한 영향력을 이겨내지 못하는 사람이 많다.

바람에 외투를 벗는 사람은 나약한 사람일 뿐이다. 평범한 능력을 지닌 사람은 따사로운 햇살을 견디지 못하고 외투를 벗어버릴 위험이 더 크다. 따라서 역경보다 행운이 찾아왔을 때 이를 잘 이겨내려면 종종 더 높은 규율과 더 강한 인격이 필요하다.

부유해지면서 관대한 성품이 생기고 따뜻해지는 사람이 있는가 하면, 부유해졌음에도 전혀 달라지지 않는 사람도 많다. 부유함은 야비한 마음을 더욱 냉혹하게 만들어 비열하고 굴종적이었던 사람을 거만하게 만들 뿐이다. 하지만 역경은 결단력 있는 사람의 심성을 불굴의 의지로 숙성시킨다. 정치 사상가 버크는 이렇게 말한다. "고난은 하나님이 우리보다 우리를 더 사랑하듯 우리보다 우리를 더 잘 아는 어버이 같은 보호자이자 스승의 최고 명령에 따라 우리에게 배정된 엄한 스승이다. 하나님은 우리와 씨름을 벌여 우리를 담대하게 만들고 우리 기량을 날카롭게 가다듬어 준다. 그러므로 우리의 적은 실은 우리의 조력자다."

고난 없이는 성공도 없으며,
쟁취할 것이 없으면 성취할 것도 없다

고난을 마주칠 필요가 없다면 삶은 훨씬 편해지겠지만 인간의 가치는 그만큼 떨어진다. 지혜롭게 활용하면 시련은 인격을 닦아주고 자조 정신을 가르친다. 따라서 역경은 우리가 역경을 겪고 있다는 사실을 깨닫지 못하더라도 그 자체로 우리에게 가장 유익한 수양의 기회가 되기도 한다.

용맹한 젊은이인 허드슨은 인도 주둔군 지휘관 자리를 부당하게 빼앗기고 나서 억울한 비방과 비난으로 마음이 크게 상심했으나 용기를 잃지 않고 한 친구에게 이렇게 말했다. "나는 전쟁터에서 적병을 대하듯 최악의 상황을 담대하게 직시하고 내게 부여된 일을 결연히 최선을 다해 수행하려고 노력하고 있다네. 모든 일에는 이유가 있기 마련이고 아무리 지겨운 임무라도 잘만 수행하면 나름의 보상이 주어지고, 설령 보상이 없더라도 임무는 임무라는 생각으로 만족하고 있네."

삶이라는 전투는 대부분 고지를 차지하려고 벌어지는 싸움이다. 싸움 없이 고지를 차지하면 승리를 거두고도 아무 명예도 얻지 못한다. 고난 없이는 성공도 없다. 쟁취할 것이 없으면 성취할 것도 없다.

고난은 나약한 사람에게 두려운 것이지만, 결단력과 용기를 갖춘 사람에게는 유익한 자극제가 된다. 인간의 진보를 가로막는 장애물은 대부분 꾸준한 선행, 정직한 열정, 활동, 인내력 그리고 무엇보다도 고난을 극복하겠다는 단호한 의지와 불행에 맞서는 당당한 자세가 있으면 극복될 수 있음을 실제로 인생의 모든 경험이 증명한다.

고난이라는 학교는 개인과 마찬가지로 국가도 도덕적 훈련을 받을 수 있는 최고의 학교다. 사실 고난의 역사는 인간의 손으로 성취한 온갖 훌륭하고 좋은 것의 역사이기도 하다.

고난이 있다면 좋든 싫든 이겨내야 한다. 사람은 고난을 마주함으로써 힘을 기르고 기술을 연마할 수 있다. 달리기 선수가 고갯길을 올라가는 훈련을 받으면 결국에는 그 길을 쉽게 올라가게 되듯이 미래의 분투를 위해 그에게 힘을 불어넣어주는 것이다.

성공에 이르는 길은 오르기에 가파를 수 있으며, 그에게 정상에 오를 힘이 있는지 시험해본다. 하지만 경험에 비추어보건대, 인간은 분투하면 그런 장애물을 극복할 수 있고, 고난이라는 가시투성이 쐐기풀을 대담하게 붙들면 비단처럼 부드럽게 느껴지며, 제시된 목표를 이루는 데 가장 효과적인 도움은 우리가 그 목표를 달성할 수 있다는 확신이라는 점을 곧바로 깨닫게 된다. 따라서 고난을 극복하겠다는 의지 앞에서 고난은 저절로 사라지게 된다.

열정을 다해 한 번 시도하는 것이
천 번 열망하는 것보다 더 가치 있다

우리가 그저 한 번 해보는 것만으로도 이룰 수 있는 일이 많다. 시도해보기 전에는 무엇을 할 수 있을지 아무도 모르고, 어쩔 수 없이 그 일을 하게 되기 전에 최선을 다하는 사람도 거의 없다.

절망에 빠진 젊은이는 "이러이러한 일을 할 수 있다면 얼마나 좋을까"라며 한탄한다. 하지만 그저 바라기만 해서는 아무것도 이루지 못한다. 바람은 반드시 숙성을 거쳐 결심과 노력으로 이어져야 한다. 열정을 다해 한 번 시도해보는 것이 천 번 열망하는 것보다 가치가 있다. 하지만 이렇게 골치 아픈 '만약'이, 즉 능력이 되지 않으니 체념하라고 속삭이는 목소리가 가능성의 영역 주위에 울타리를 치고선 어떤 일을 하거나 심지어 시도해보는 것을 막아선다.

린드허스트는 "곤경은 극복해야 할 대상"이라고 말했다. 일단 곤경과 맞서 싸워라. 실제로 해보면 일이 쉬워지고 반복해서 노력하면 힘과 꺾이지 않는 용기가 생긴다. 따라서 정신과 인격은 훈련을 통해 거의 완벽한 상태에 이를 수 있고, 비슷한 경험을 거치지 않은 사람은 잘 이해할 수 없을 만큼 품위 있고 활기차며 자유롭게 행동할 수 있게 된다.

포기하지 않고 계속 노력하면
자신감과 힘이 생겨난다

우리가 배우는 모든 것은 고난을 이겨내는 방법이다. 한 가지 고난을 이겨내면 다른 고난을 이겨내는 데 도움이 된다. 라틴어나 고대 그리스어처럼 이미 죽은 언어나 수학에서 선과 면의 관계 따위를 공부하는 것은 언뜻 보기에 배울 가치가 없어보이지만, 여기에는 실제로 매우 큰 실용적 가치가 있다. 그런 공부를 통해서 얻는 정보 때문이 아니라 그런 공부를 통해서 발전을 꾀할 수 있기 때문이다. 그런 공부를 통달하는 일은 노력을 불러일으키고 그렇지 않았더라면 발휘되지 않았을 집중력을 함양한다.

한 가지 일을 끝내면 다음 일이 이어지고 이렇게 일은 평생계속된다. 곤경과 마주하는 일은 삶이 끝날 때가 되어서야 비로소 끝이 난다. 하지만 좌절감에 빠지는 것은 지금까지도 그 랬지만 앞으로도 고난을 극복하는 데 아무런 도움이 되지 못한 다. 프랑스의 수학자 달랑베르는 수학의 기초를 제대로 이해하 지 못했다며 넋두리를 늘어놓는 학생 여럿에게 이렇게 충고했 다. "계속 노력하게. 그러면 자신감과 힘이 생겨날 걸세."

한쪽 발로 빠르게 회전하는 발레리나나 소나타를 연주하는 바이올린 연주자는 꾸준히 반복해서 연습하고 수많은 실패를 겪고 나서야 뛰어난 기량을 갖게 되었다. 17세기 이탈리아 작 곡가인 자코모 카리시미는 그의 선율이 쉽고 우아하다는 찬사 를 받자 이렇게 외쳤다. "아! 이 쉬운 곡을 써내기가 얼마나 어 려웠는지 모르시는군요." 영국의 화가 조슈아 레이놀즈는 어떤 그림 한 점을 그리는 데 시간이 얼마나 걸렸냐는 질문을 받고 이렇게 대답했다. "평생."

미국의 연설가인 헨리 클레이는 젊은이에게 조언을 건네면 서 자신이 웅변술을 연마하는 데 성공한 비결을 이렇게 설명했 다. "내가 인생에서 거둔 성공은 대체로 한 가지 여건 덕분이었 습니다. 그러니까 스물일곱 살이 되고서 그때부터 하루도 빠짐 없이 책을 읽었고, 역사나 과학책의 내용을 바탕으로 연설하는 훈련을 시작했습니다. 그리고 오랫동안 그 습관을 유지했지요.

어떤 때는 옥수수밭에서, 또 어떤 때는 숲속에서 즉석연설을 연습했습니다. 외진 헛간에서 말과 소를 청중 삼아 연습한 적도 적지 않았습니다. 바로 이런 초년 시절의 연설 훈련이 내가 앞으로 계속 나아가도록 자극하는 동력이 되었고 이후의 내 운명 전체를 형성하는 데 강력한 영향을 주었습니다."

아일랜드의 연설가인 커런은 어린 시절 발음에 큰 문제가 있었던 탓에 학교에서 '말더듬이 잭 커런'으로 알려졌을 정도였다. 법학을 공부할 때도 이런 단점을 극복하려고 여전히 애를 쓰고 있었다. 그러던 중 토론 클럽의 어느 회원이 빈정거리는 말을 했고, 그 말이 기폭제가 되어 그에게서 유창한 웅변이 터져 나왔다. 그 회원은 커런을 '말 없는 웅변가'라고 불렀는데, 그도 그럴 것이 이전 모임에서 발언하려고 자리에서 일어났으나 시인 쿠퍼처럼 단 한마디도 하지 못했기 때문이다. 놀림이 그를 자극했고 의기양양한 연설로 답변했다. 그는 자신이 웅변에 재능이 있다는 사실을 이렇게 우연히 발견하고선 새로운 활력을 얻어 공부에 정진할 수 있었다.

커런은 날마다 책에서 찾은 가장 좋은 구절 몇 개를 몇 시간에 걸쳐 강조하듯 또박또박 큰 소리로 읽는 식으로 자신의 발음을 고쳐나갔다. 거울 앞에 서서 자기 외모를 살피면서 다소

촌스럽고 볼품없는 자기 외모에 맞는 몸짓을 익혀나갔다. 또한 그는 혼자서 모의재판을 열어 마치 배심원 앞에서 진술하듯 성심성의껏 자신 주장을 개진하는 연습을 하기도 했다.

커런은 엘든의 말처럼 명성을 얻는 데 첫 번째 필요조건이면서도 '1실링의 가치도 없는' 자격증을 얻고서 변호사로 개업했다. 법정에서 열심히 일하는 중에도 과거 토론 클럽에서 자신을 무기력하게 만들었던 소심증으로 여전히 애를 먹었다.

그러던 어느 날 로빈슨 판사의 도발적 발언에 대해 아주 신랄한 반론을 펼치게 되었다. 변론에서 커런은 이렇게 말했다. "판사님께서 주장하신 법률은 제가 소장하고 있는 어떤 책에서도 보지 못한 것입니다." 판사는 오만한 어조로 이렇게 말했다. "그럴지도 모르겠소만, 난 당신의 장서가 너무 적은 것이 아닌지 의심스럽소." 그 판사는 과격한 정치적 당파성을 가지고 있는 것으로 악명 높았고 유별나게 폭력적이고 독단적인 내용을 담은 소책자를 써서 익명으로 출판하기도 했다. 판사가 궁금했던 자신의 성장 배경을 넌지시 빗대어 말하자 이에 화가 난 커런은 이렇게 대답했다. "판사님, 제가 가난하고 형편상 장서가 얼마 되지 않는다는 것은 아주 정확한 사실입니다. 제가 소장한 책이 많지는 않습니다만, 모두 선별된 좋은 책이며 저는 그 책을 올바른 마음가짐으로 정독했다고 자부합니다. 저는 수많은 악서가 아니라 몇 권 안 되는 양서를 공부하면서 이 고귀한 변호사직을 준비했습니다. 저의 가난이 부끄럽지 않습니다. 하지만 비굴함과 부패로 부를 얻어보겠다고 굽신거렸다면 오히려 그런 부귀를 부끄러워해야겠죠. 출세하지 못하더라고 최소한 정직한 사람은 되어야겠습니다. 제가 만약 정직한 삶을 저버린다면, 숱한 사례가 보여주듯이 부정한 출세가 저를 세상에 더 널리 알리고 경멸스러운 인간이라는 악명만 더 커지게 되겠죠."

극심한 가난에 시달려도
분투하며 사는 이는 흔들리지 않는다

극심한 가난도 자기 수양이라는 의무에 전념하는 사람의 길을 가로막지는 못한다. 언어학자 알렉산더 머리 교수는 불에 그을린 꽃나무 가지 끝부분으로 낡아빠진 소모기(梳毛機)에 글자를 끄적이면서 글쓰기를 익혔다. 가난한 양치기였던 아버지가 가진 책이라고는 1페니짜리 『Shorter Catechism(간추린 교리문답)』 한 권뿐이었다. 하지만 그 책마저도 가족이 함께 사용해야 했기에 아주 소중히 여겨 선반 위에 고이 모셔놓았다가 주일 교리문답 시간에만 꺼내쓰곤 했다. 시인인 무어 교수는 젊은 시절 너무 가난했던 탓에 뉴턴의 『프린키피아(Principia)』를 살 돈조차 없어서 책을 빌려다가 손으로 직접 베껴 가며 읽었다.

생계를 꾸려 나가려고 매일같이 일하면서 마치 눈 덮인 겨울

들판에서 먹이를 주워 먹는 새처럼, 짬이 날 때마다 여기저기서 조금씩 지식을 얻어 나갈 수밖에 없는 가난한 학생들이 많다. 이들은 계속 분투했고 그 결과로 자신감과 희망이 이들에게 찾아왔다.

에든버러 출신의 저명 작가이자 출판업자인 윌리엄 체임버스는 에든버러의 젊은이를 모아놓고 연설하면서 이들을 격려하기 위해 불우했던 자신의 젊은 시절을 간략히 들려주었다. "여러분 앞에 서 있는 나는 독학으로 공부한 사람입니다. 내가 받은 교육은 스코틀랜드의 가난한 교구 학교에서 제공하는 것이었죠. 그조차도 가난한 소년이었던 내가 고된 일과를 마치고 신께서 내게 주신 지성을 연마하는 데 저녁 시간을 할애해서 에든버러까지 갔을 때나 가능한 일이었습니다. 아침 7시나 8시부터 밤 9시나 10시까지 서점에서 견습 점원으로 일했던 탓에 내가 공부에 온전히 전념할 수 있는 시간이라고는 일이 끝난 다음 몇 시간뿐이었고, 잠자는 시간까지 줄여야 했습니다. 소설은 읽지 않았습니다. 물리학이나 그 밖에 유익한 분야의 책에 관심이 온통 쏠려 있었죠. 프랑스어도 독학으로 익혔습니다. 그 시절을 돌아보면 정말 즐겁습니다. 한편으로는 그런 경험을 다시는 할 수 없다는 게 유감스럽기도 합니다. 지금이야

우아하고 안락한 거실에 앉아 있습니다만, 수중에 땡전 한 푼 없이 에든버러의 다락방에서 공부하던 시절에 더 큰 즐거움을 얻었기 때문입니다.”

윌리엄 코벳은 자신이 영문법을 배운 방법에 대해 설명한 적이 있는데, 이 이야기에는 어려운 환경에서 분투하고 있는 모든 학생이 되새겨볼 만한 교훈이 가득하다. 코벳은 이렇게 말했다.

“나는 사병 때 영문법을 배웠다. 그 시절 일당은 6펜스였다. 침상 가장자리가 내 공부방이었고 배낭이 내 책장이었으며 무릎 위에 올려놓은 널빤지 조각이 내가 글을 쓰는 책상이었다. 영문법을 배우는 일은 내 인생에서 1년씩이나 필요한 일은 아니었다. 양초나 기름을 살 돈이 없었다. 겨울철에는 저녁에 벽난로 불빛 말고는 다른 방법이 없었고 그마저도 내 차례가 돌아와야 가능한 일이었다. 내가 이런 환경에서 내게 조언이나 격려를 건넬 부모나 친구도 없이 그 일을 해낸 걸 보고도, 가난하고 일에 쫓겨서, 공부할 방이나 그 밖의 시설을 마련할 여건이 되지 않아서 공부하지 못했다는 핑계를 댈 수 있었을까? 거의 굶어 죽기 직전이었지만, 펜 한 자루나 종이 한 장을 사려면 먹을 것 일부를 포기해야 했다. 나만의 시간이라 할 만한 순간이 없었고, 남의 눈은 전혀 신경도 쓰지 않는 사람이 최소한 열 사람 남짓 모여 앉아 제멋대로 웃고 떠들고 노래 부르고 휘파람 불고 드잡이질하는 틈바구니에서, 그리고 이들이 어떤 제재도 받지 않고 자기 자유를 맘껏 누리는 시간에 나는 책을 읽고 글을 써야 했다. 내가 때때로 잉크나 펜이나 종이를 사려고 내야 했던 돈 몇 푼도 절대 가볍게 여기지 마라! 단 한 푼이라도 내게는 얼마나 큰 돈이었던가! 나는 그때도 지금만큼 키가 컸고 건강했으며 운동도 열심히 하는 편이었다. 사병 각자가 시장에서 쓰지 않고 일주일 동안 모을 수 있는 금액은 2펜스 남짓이었다. 지금도 생생히 기억하는 일이 있다. 어느 금요일에는 쓸 돈을 모두 제하고 나니 반 페니가 남았고 이 돈으로 다음 날 아침에 훈제 청어를 살 작정이었다. 그런데 그날 밤 옷을 벗을 때 보니 그 반 페니가 보이지 않는 것 아닌가! 거의 아사 직전이었는데 말이다. 나는 구질구질한 모포와 깔개에 머리를 파묻고선 어린애처럼 엉엉 울었다. 다시 말하지만, 이런 상황에서 내가 이런 일을 겪고 극복해낸 것을 본 이상, 아무 노력도 하지 않는 젊은이가 대체 무슨 변명을 할 수 있단 말인가?”

목표를 향한 끊임없는 노력으로
불리한 상황을 모두 극복해내자

영국의 법률 개혁가 새뮤얼 로밀리는 자기 수양으로는 둘째 가라면 서러울 인물이었다. 아버지는 프랑스 난민의 후손으로 보석 세공일을 하고 있었다. 그는 어린 시절에 교육을 거의 받지 못했지만, 지칠 줄 모르는 집중력과 하나의 목표를 향한 끊임없는 노력으로 불리한 상황을 모두 극복해냈다.

그는 이렇게 말한다. "내 나이 열다섯에서 열여섯 사이에 나는 온 힘을 다해 라틴어를 공부하겠다고 마음먹었다. 당시 나는 잘 알려져 있던 문법 규칙 몇 가지를 빼면 라틴어에 대해 아는 것이 전혀 없었다. 서너 해 동안 온 힘을 다해 공부했고 바로나 콜루멜로나 켈수스처럼 아주 전문적인 주제만을 다룬 작가를 빼고는 순수하게 라틴어만 사용하던 시대에 활동했던 모든 산문 작가의 글을 거의 섭렵했다. 나는 리비우스, 살루스티우스, 타키투스의 책을 세 차례나 통독했다. 키케로의 글 가운데 가장 유명한 연설문 여러 편을 공부했고 호메로스의 글을 꽤 많이 번역했다. 테렌티우스, 베르길리우스, 호라티우스, 오비디우스와 유베날리스의 글을 읽고 또 읽었다."

그는 또한 지질학과 박물학, 자연철학을 공부해 전반적인 지식에 상당히 밝은 편이었다. 열여섯 살에 대법관청 수습 서기로 들어가 열심히 공부해 변호사 자격증을 얻었다. 그의 성실함과 인내력이 성공이라는 결실을 거둔 것이었다.

그는 1806년에 폭스 내각에서 법무차관이 되었고 착실히 자기 길을 걸어간 끝에 법조계의 저명인사가 되었다. 하지만 그는 언제나 자신의 자격이 부족하다는, 고통스럽고 때로는 강박적이기까지 한 생각에 시달렸고 이를 극복하려고 노력을 멈추지 않았다. 그의 자서전은 여러 감정을 불러일으키는 유익한 사실을 담은 가르침을 주고 있어, 세심하게 정독해볼 가치가 있다.

영재가 아니었어도 최선을 다하면
더할 나위 없이 훌륭한 어른이 된다

세상을 움직이고 이끄는 사람은 천재가 아니라 확고한 의지와 목적의식, 지칠 줄 모르는 근면함을 보여준 사람이다. 천재의 조숙함을 보여주는 부인할 수 없는 사례가 많기는 하지만, 어린 시절에 영특했다고 해서 성인이 되어서도 높은 수준에 도달할 수 있음을 보여주지는 못한다. 때로는 조숙함이 지적 능력이 아니라 질병의 증상인 경우도 있다.

대체 '세간을 떠들썩하게 했던 영재'는 지금 어떤 사람이 되어있을까? 공부 잘하고 상을 휩쓸던 아이는 지금 어디에 있을까? 이들의 삶을 따라가보면, 학교에서 성적이 뒤떨어졌던 둔한 아이가 나중에 이들을 앞지른 사례를 흔히 찾아볼 수 있다.

똑똑한 아이는 태어나면서 보상을 받지만, 무엇인가를 더 빠르게 배우는 능력으로 얻은 상이 언제나 이들에게 유익한 것임을 보여주지는 않는다. 오히려 마땅히 보상받아야 할 것은 노력과 분투와 순종이다. 비록 열등한 능력을 타고났더라도 최선을 다하는 젊은이야말로 다른 이들보다 더 격려 받아야 하기 때문이다.

훗날 훌륭한 사람으로 자랐으나 어린 시절에는 열등생으로 소문났던 인물을 주제 삼아 흥미로운 장을 꾸며볼 수도 있겠지만, 여기서는 몇 사람만 예로 들어보겠다.

이탈리아의 화가 피에트로 디 코르토나는 소년 시절에 '나귀 머리'라는 별명을 얻었을 만큼 우둔했던 소년이었다. 톰마소 구이디는 어린 시절에 '우둔한 톰'이라고 불렸으나 타고난 근면성 덕분에 훗날 큰 명성을 얻었다.

뉴턴의 학창 시절 성적은 끝에서 두 번째였다. 자기보다 성적이 좋은 학생이 자신을 걷어차자 뉴턴은 그에게 결투를 신청하고 그를 이김으로써 자신의 용기를 보여줬다. 그 후로는 장학생이 되어 자신의 적수를 모두 물리치겠다고 마음을 먹고 굳은 의지로 공부하기 시작했고 결국 반에서 1등 자리를 차지했다.

위대한 성직자 가운데도 결코 조숙하다고 할 수 없는 인물이 많다. 아이작 배로는 차터하우스 스쿨에 다니던 소년 시절에 고약한 성질을 갖고 있었으며 툭하면 싸움질하는 버릇과 소문난 게으름쟁이로 악명이 높았다. 부모 속을 어지간히 썩였던 탓에 그의 아버지는 입버릇처럼 "하나님께서 자기 자식 중 하나를 데려가려고 하신다면 자식 가운데 가장 싹수가 노란 아이작을 데려갔으면 좋겠다"고 말하곤 했다.

아담 클라크는 소년 시절에 큰 돌을 굴릴 정도로 힘이 셌지만, 아버지에게서 '구제 불능의 저능아'라는 말을 들었다. 조너선 스위프트는 더블린대학교에서 '낙제'를 했으나 '특별 배려'로 옥스퍼드대학교 추천장을 받을 수 있었다. 유명한 신학자인 차머스 박사와 쿡 박사 모두 어린 시절에 세인트 앤드루 교구학교에서 멍청하고 말썽만 피우는 악동처럼 행동하고 다녔던 탓에 화가 머리끝까지 치민 선생님이 구제 불능의 멍청이라면서 둘 다 퇴학시켜버렸다.

극작가이자 정치가로 재기가 넘치는 셰리던도 소년 시절에는 별다른 재능을 보이지 않았기에 그의 어머니는 가정교사에게 그를 맡기면서 구제 불능의 열등생이라고 말을 덧붙였다. 월터 스콧도 소년 시절에는 열등생이었고 공부에 소질을 보이기보다는 '싸움질'에 훨씬 능했다. 에든버러대학교 재학 시절에는 고전학을 가르치던 데일젤 교수가 그에게 '과거에도 열등생이었고 앞으로도 계속 열등생일 것'이라고 단언했을 정도였다.

채터튼은 '아무것도 이루지 못할 바보'로 자기 어머니에게 돌아왔다. 시인 로버트 번스는 우둔하고 운동에만 소질이 있는 소년이었다. 수필가이자 시인인 골드스미스는 자신을 일컬어 '꽃이 늦게 피는 식물'이라고 말했다. 이탈리아의 비극 시인 알피에리는 대학교를 졸업할 때 입학했을 때보다 별반 지혜로워지지 않았고, 유럽의 절반을 둘러볼 때까지 자신에게 명성을 안겨줄 연구를 아직 시작하지도 않았다.

로버트 클라이브는 젊은 시절에 무뢰한까지는 아니어도 열등생이었고, 늘 기운이 흘러넘쳐서 나쁜 일까지도 열심이었다. 그의 가족은 그가 사라지게 되어서 기쁘다고 말하면서 그를 인도 마드라스로 보내버렸다. 하지만 클라이브는 그곳에서 영국의 인도 지배를 위한 토대를 마련했다.

나폴레옹과 웰링턴 역시 둘 다 학교에서 별다른 두각을 나타내지 못했던 열등생이었다. 아브랑테 공작부인은 나폴레옹에 대해 이렇게 말했다. "건강했지만 그 밖의 면에서는 여느 소년과 별다르지 않았다."

학창 시절의 우열이, 성인이 되어 뒤바뀌는 건 집중력과 인내력 때문이다

미합중국 총사령관 율리시스 그랜트 장군은 소년 시절 어머니에게 '쓸모없는 그랜트'라고 불릴 정도로 우둔하고 재주 없는 소년이었다. 로버트 리 장군의 부관 중에서 가장 유능한 부관이었던 스톤월 잭슨은 어린 시절에 행동이 굼뜨기로 유명했다. 하지만 웨스트포인트 육군사관학교 재학 시절에는 지칠 줄 모르는 집중력과 인내심으로 두각을 나타냈다.

그는 자신에게 과제가 부여되면 그 과제를 완전히 습득할 때까지 손에서 놓지 않았고, 완전히 습득하지 못한 지식이라면 절대로 아는 체하지도 않았다. 그를 잘 아는 친구는 이렇게 썼다. "그날 배운 내용을 외워보라고 질문을 받을 때면 그는 거듭해서 '어제와 그저께 외운 내용을 복습하느라 그 부분은 아직 살펴보지 못했습니다'라고 대답하곤 했다. 그 결과, 그는 학생 수가 70명인 반에서 17등으로 졸업했다. 아마 입학할 무렵에는 반 전체에서 지식이나 학력에서 잭슨보다 못한 소년은 하나도 없었을 것이다. 하지만 경주가 끝났을 때 그의 앞에는 고작 16명이 있었을 뿐이었으니 53명을 제친 셈이었다. 동기들은 그에 대해서 사관학교 과정이 4년이 아니라 10년이었다면 잭슨이 반에서 1등으로 졸업했을 것이라고 이야기하곤 했다."

박애주의자 존 하워드는 학교를 7년 동안 다녔으나 배운 게 거의 없다시피 할 정도로 소문난 열등생이었다. 스티븐슨도 젊은 시절에는 싸움 잘하기로 유명했지만 일에는 열중했다.

명석한 화학자인 험프리 데이비는 어렸을 때 다른 소년보다 똑똑하지는 않았다. 그의 선생님이었던 카듀 박사는 그에 대해 이렇게 말한 적이 있다. "내가 가르칠 무렵에는 훗날 그에게 그렇게 커다란 명성을 가져다준 재능을 찾아볼 수 없었다." 훗날 데이비 자신도 그 시절에 '그렇게 게으름을 맘껏 피우면서도' 학교에 남아 있을 수 있어서 다행이었다고 생각할 정도였다.

와트는 어린 시절부터 천재성을 보였다는 이야기가 있기도 하지만 그렇게 똑똑한 학생은 아니었다. 하지만 그에게는 끈기와 인내력이 있었고 바로 이런 자질과 함께 면밀하게 갈고 닦은 창의력 덕분에 증기기관을 완성할 수 있었다.

"소년들 사이의 차이는 재능이 아니라 활동력에 있다"는 아널드 박사의 말은 어른에게도 그대로 적용할 수 있다. 끈기와 활동력이 있으면 이는 이내 습관이 된다. 열등생이라도 끈기와 집중력이 있다면, 똑똑하지만 그런 자질이 없는 학생보다 앞서 나갈 수 있다. 느려도 경주에서는 확실히 승리한다.

인내력은 학창 시절의 우열이 사회로 나가면서 자주 뒤바뀌는 이유를 설명한다. 학창 시절에는 그렇게 똑똑했던 아이가 어떻게 사회에 나가서 평범한 사람이 되는지, 반면에 아무 기대도 없었던 열등생이 재능은 조금 뒤떨어져도 어떻게 조금씩이지만 확실하게 발전해 사회에서 사람을 이끄는 자리를 맡게 되는지를 보면 흥미롭다.

필자도 어린 시절에 대단한 열등생과 같은 반이었던 적이 있었다. 선생님마다 나름의 방법으로 그 친구를 가르치려고 애를 썼지만 실패했다. 체벌을 가하고, 어릿광대 모자를 씌우고, 달래보기도 하고, 애원하기도 했지만 하나같이 아무 소용이 없었다. 때로는 그 친구를 반에서 1등으로 만드는 실험이 시도되기도 했지만, 희한하게도 그때마다 그 친구는 빠르게 다시 밑바닥으로 떨어지곤 했다. 선생님들은 이 친구를 '구제 불능의 열등생'으로 인정하고 가르치기를 포기했고, 한 선생님은 대놓고 이 친구를 '지독한 얼간이'라고 부르기도 했다. 하지만 이 열등생 친구의 내면에는 느리기는 했어도 목적을 향해 우직하게 나아가는 힘이 있었고 몸이 자라면서 인격도 함께 성장했다. 신기한 일이지만 이 친구가 마침내 사회에 진출해서 자기 일을 맡게 되면서 동급생 대부분보다 앞서 나가기 시작했고 결국 수많은 동급생을 따돌렸다. 필자가 마지막으로 소식을 들었을 때, 그는 고향에서 시장이 되어 있었다.

젊은이가 부지런하기만 하다면
조금 늦되더라도 문제가 되지 않는다

바른길을 가는 거북이는 틀린 길로 달리는 경주자를 이긴다. 젊은이가 부지런하기만 하다면 조금 늦되더라도 전혀 문제가 되지 않는다. 배우는 속도가 느린 학생이 발휘할 수밖에 없는 집중력과 인내력은 모든 인격의 형성에서 매우 중요한 요소인데, 무엇이든 쉽게 배우는 소년은 집중력과 인내력을 갈고닦을 필요가 없고 쉽게 잊는 일도 허다하기에 어떤 부분에서 빠르다는 것은 단점이 될 수도 있다. 험프리 데이비는 "지금의 나는 내가 스스로 만든 것"이라고 했는데, 이 말은 보편적으로 인정되는 진실이다.

결론적으로 말해서, 최고의 수양은 학교나 대학교에서 선생님에게 배운다고 얻어지는 것이 아니라 부지런히 자신을 교육함으로써 참다운 인간이 되는 과정에서 터득하는 것이다. 따라서 부모는 자식의 재능을 억지로 꽃피우겠다고 서두를 필요가 없다. 그저 좋은 본보기를 보여주고 자기 일을 해낼 수 있도록 차분히 훈련하면서 참을성 있게 지켜보고 기다려주고 나머지는 신의 뜻에 맡기도록 하자.

젊은이가 육체적 힘을 자유롭게 발휘함으로써 건강한 신체를 유지할 수 있도록 하고, 자기 수양의 길을 올바르게 가도록 이끌며, 주의를 기울여 훈련함으로써 전념하고 인내하는 습관이 몸에 배게 하자. 나이가 들어가면서 그렇게 올바른 자질을 갖추다 보면 그 젊은이는 열성적이고 효과적으로 자신을 계발해 나갈 것이다.

Samuel Smiles

8장

모범이 되는
삶을 살아
긍정적인 영향력을 미치자

부모가 일상에서 보이는 모범이
그 아이의 일생 동안 영향을 미친다

　모범을 보이는 일은 말로 가르치는 것은 아니더라도 가장 유력한 교육 방법 가운데 하나다. 행동으로 보여주는 실제적인 교육은 여러 마디의 말보다 강한 설득력이 있다. 교훈은 우리에게 길을 알려줄 수 있지만, 습관을 통해 우리에게 전해지고 실제로 우리 곁에 있는 무언의 지속적인 모범이야말로 늘 우리를 감복시킨다.

　훌륭한 충고에는 그만한 가치가 있다. 하지만 그런 충고에 훌륭한 본보기가 따르지 않으면 별다른 영향력을 미치지 못한다. 흔히들 "내가 한 대로 하지 말고 내가 말한 대로 하라"고 말하지만 실제로 삶을 겪어가는 과정에서는 흔히 그 반대가 효과가 있다.

사람은 누구나 귀로 듣기보다는 눈으로 보고 배우려는 경향이 있다. 무엇이든 실제로 본 것이 그저 책에서 읽거나 남에게 들은 것보다 훨씬 깊은 인상을 남긴다. 이는 특히 눈이 지식을 받아들이는 주된 통로인 유년 시절에는 더욱 그렇다.

아이는 자기 눈으로 본 것은 무엇이든 무의식적으로 따라 한다. 아이는 자기도 모르는 사이에 서서히 주변 사람을 닮아 간다. 마치 곤충이 자기가 먹는 잎사귀의 색깔을 띠게 되듯이 말이다. 그러므로 가정교육이 매우 중요하다. 학교 교육이 아무리 효율적이라 해도 우리가 가정에서 보여주는 모범만큼 앞으로 성인이 될 아이의 인격 형성에 막대한 영향을 미치는 것은 없다.

가정은 사회의 결정체이자 국민성의 중핵이다. 그런 원천이 오염되었든 순수하든 그로부터 개인 생활은 물론이고 공적 생활을 지배하는 습관과 원칙과 격률이 생겨난다. 국가는 육아실에서 나온다. 여론 자체도 대부분 가정에서 비롯된 결과물이며 최고의 박애 정신은 가정의 화롯가에서 나온다. 버크는 이렇게 말한다. "우리가 속해 있는 사회 속 작은 집단을 사랑하는 마음에서 모든 공적인 사랑이 싹튼다."

타인에 대한 인간의 연민은 이 작은 중심점에서 시작해서 이 세계를 포용할 때까지 그 원을 넓혀 나갈 수 있다. 비록 진정한 박애 정신은 자선과 마찬가지로 가정에서 시작되더라도 결코 거기에서 끝나지 않기 때문이다.

행동으로 보여주는 모범은 겉으로는 아무리 사소해 보이는 문제라고 해도, 그것이 부단히 다른 사람의 삶과 얽히고설켜 좋은 쪽으로든 나쁜 쪽으로든 그들의 성격을 형성하는 데 일조하기 때문에 결코 가볍게 넘길 일이 아니다. 따라서 부모의 인격이 자식에게서 그대로 되풀이되어 나타나며, 귀로 듣고 배울 수 있었던 그 밖의 모든 것이 오래전에 잊혔더라도, 부모가 일상에서 모범으로 보여주는 애정과 규율, 근면, 자제의 행동은 살아남아 영향을 미친다. 그렇기에 어떤 현자는 자기 자식을 자신의 '미래상'이라고 말하곤 했다.

심지어 부모의 말 없는 행동이나 무의식적인 표정조차 자식의 성격에 절대 지워지지 않을 흔적을 남긴다. 웨스트는 이렇게 말했다. "어머니가 해주신 한 번의 입맞춤 덕분에 내가 화가가 되었다." 사람이 앞으로 행복하고 성공하는 삶을 살지는 이처럼 어린 시절에 겪은 겉보기에 사소한 일들이 전개되는 방향에 달려 있다.

어느 곳에서든, 어떤 상황에서든
사람은 진실하게 성장할 수 있다

저지른 행동이나 내뱉은 말의 결과가 줄줄이 이어지고 그 끝을 추적할 수 없다고 생각하면, 무엇인가 엄숙하고 두려움이 생긴다. 그런 생각이나 행동은 우리 삶에 활력을 불어넣기도 하지만 알게 모르게 우리 주변 사람의 삶에도 영향을 미친다. 좋은 행동과 말은 설령 우리가 그 결실을 보지 못한다 해도 끝까지 살아남고 나쁜 행동과 말 역시 그렇다.

아무리 보잘것없는 사람이더라도 자신의 모범을 통해 다른 사람에게 좋든 나쁘든 영향을 미친다. 인간의 정신은 죽지 않으며 우리 가운데에서 여전히 살아 움직인다. 정치가 리처드 콥든이 세상을 떠났을 때 디즈레일리는 하원에서 연설하면서 이런 훌륭하고 진실한 생각을 밝혔다. "그는 비록 이 세상에 없지만 여전히 이 하원의 의원입니다. 세상을 떠났으니 의회 해산이나 변덕스러운 유권자나 심지어 세월의 흐름에서 자유롭겠지만 말입니다."

인간의 삶과 이 세상에는 불멸성의 정수가 있다. 그 누구도 이 우주에서 혼자 살 수 없으며 우리 모두가 상호 의존의 체계를 구성하는 일부다. 자신의 몇몇 행동으로 인간적 선의 총합을 영원히 늘리거나 줄일 수도 있다.

현재는 과거에 뿌리를 두고 있으며 우리 조상의 삶과 모범이 우리에게 여전히 엄청난 영향을 미치고 있듯이, 우리도 일상적인 행동을 통해서 미래의 조건과 성격을 형성하는 데 이바지한다. 인간은 앞선 모든 시대의 문화가 형성하고 숙성시킨 결실이며, 현재 세대는 행동과 모범의 자석 같은 흐름을 이어나가서 까마득한 과거를 아주 먼 미래에 묶는 숙명을 지니고 있다.

어떤 인간의 행동도 완전히 사라지지 않는다. 육신은 비록 분해되어 먼지와 공기로 사라진다고 해도 그의 선행이나 악행은 열매를 맺어서 앞으로 다가올 미래 세대에게 영향을 미친다. 인간 실존의 커다란 위험과 책임은 바로 이런 중대하고도 엄숙한 사실에 놓여 있다.

수학자이자 발명가인 찰스 배비지는 이런 생각을 자신의 한 저작에서 고상한 문장으로 강력하게 표현했는데, 그의 문장을 여기에서 감히 인용해본다. "선 또는 악이라고 각인된 모든 원자는 여러 철학자와 현자가 그런 원자에 부여한 운동성을 간직한 채로 무가치하고 비천한 모든 것과 수만 가지 방식으로 얽히고설켜 있다. 공기 그 자체는 하나의 방대한 장서다. 이 장서의 각 쪽에는 이제까지 인간이 말하거나 속삭여 왔던 모든 내용이 기록되어 있다. 불변하고 정확한 그 글자 속에는 필멸자인 인간이 최근에 내뱉은 한숨뿐만 아니라 가장 오래전에 내뱉었던 한숨이 뒤섞여, 지금까지 기록되었으나 아직 이행되지 않은 맹세와 실현되지 못한 약속을 나타내며, 각 입자의 통일된 운동 속에서 인간의 변화무쌍한 의지를 영원히 증언한다. 하지만 우리가 숨 쉬는 공기가 방금 우리가 말했던 정서를 기록하는 불변의 역사가라면 땅과 하늘과 바다 역시 같은 방식으로 우리가 행한 행동의 영원한 증인이다. 작용과 반작용이 같다는 똑같은 원리가 그런 행동에도 적용된다. 자연적 원인이나 인간의 행위가 새겨진 어떤 운동도 영원히 지워지지 않는다. … 전지전능하신 하나님은 최초로 살인을 범한 자의 이마에 지워지지 않는 죄의 표식을 눈에 띄게 찍어놓으셨고, 이후에 나타날 모든 범죄자를 적어도 취소 불가능한 방식으로 자기 범죄에 대한 증언에 구속되도록 하는 법을 제정하셨다."

따라서 우리가 목격한 모든 행동이나 우리가 들은 모든 말은 물론이고 우리가 한 모든 행동이나 우리가 내뱉은 모든 말은 앞으로 우리가 살아가야 할 삶 전반으로 확장되어 그 삶에 다채로움을 부여하는 영향력을 행사할 뿐만 아니라 사회 구조 전반에서도 그런 영향력이 감지되게 만든다.

우리는 우리 자녀나 친구, 동료 사이에서 그런 영향력이 얼마나 다양한 형태로 갈라져 나가면서 작용하는지를 추적하기 어렵고 사실상 불가능하지만, 그 작용이 영원하리라는 것은 분명하다. 훌륭한 모범을 세우는 것이 그렇게나 중요한 이유가 바로 여기에 있다. 이런 모범은 가장 가난하고 가장 보잘것없는 사람이라도 자신의 일상에서 실천할 수 있는 무언의 가르침이다.

아무리 보잘것없는 사람이라도 이렇게 간단하고 헤아릴 수 없이 값진 가르침을 남에게 빚지지 않는다. 심지어 가장 열악한 처지조차 유익하게 쓰일 수 있다. 낮은 곳에 켜놓은 등불도 언덕 위에 켜놓은 불빛만큼 충실하게 빛을 발하기 때문이다.

어느 곳에서든, 그 어떤 상황에서든, 촌구석이든 아니면 대도시의 뒷골목 판잣집이든, 외적으로 아무리 어려운 상황에서도 사람은 진실하게 성장할 수 있다. 자기 무덤 자리 정도밖에 되지 않는 작은 땅을 경작하는 사람도 수만 평을 물려받은 사람만큼이나 충실하고 훌륭하게 일할 수 있다.

따라서 가장 평범한 일터라도 한편에서는 근면성과 학문과 품행을 배우는 학교가 될 수 있고, 다른 한편에서는 게으름과 어리석음과 악행을 배우는 학교가 될 수 있다. 모든 것은 각자 자신에게 주어진 기회를 어떻게 잘 활용하는지에 달려 있다.

보람 있게 보낸 인생과 올곧은 인격을
자식과 이 세계에 유산으로 남기자

보람 있게 보낸 인생, 올곧게 지켜온 인격은 자기 자식과 이 세계에 남겨줄 수 있는 커다란 유산이다. 이것이야말로 미덕에 대한 가장 감동적인 가르침이자 악덕에 대한 가장 엄중한 꾸지람으로 최고의 부를 얻는 영원한 근원이 되기 때문이다.

시인 알렉산더 포프처럼 허비의 빈정거림에 대해 이렇게 응수한 것이 바로 그런 경우다. "부모님은 늘 그렇듯 제 얼굴을 붉히게 만드신 적이 없고 저 역시 부모님이 눈물짓게 만든 적이 없으니, 그것으로 충분하다고 생각합니다."

다른 사람에게 무엇을 해야 할지 말하는 것만으로는 충분하지 않으며 실제 행동으로 모범을 보여야 한다. 자선 활동가 치점 여사가 소설가 스토 부인에게 전한 성공의 비결은 누구에게나 적용할 만한 것이다. 치점 여사는 이렇게 말했다. "어떤 일이 이루어지길 진실로 바란다면 일을 해야 하고, 그저 말만 해서는 아무 소용도 없고 아무것도 이루어지지 않는다는 걸 깨달았지요."

사람에게 말하는 법만을 보여줘서는 설득력이 없다. 치점 여사가 그저 강의하는 일에 만족했다면 자신이 설득당했던 사업은 공염불에 지나지 않았을 것이다. 하지만 사람들은 그녀가 하던 일이 실제로 이뤄낸 결과를 보고선 그녀의 뜻에 공감하고 그녀를 돕겠다고 발 벗고 나섰다. 따라서 가장 도움이 되는 일꾼은 가장 감동적인 이야기를 전하거나 가장 고매한 생각을 품고 있는 사람이 아니라 가장 감동적인 '행동'을 해내는 사람이다.

아무리 신분이 보잘것없더라도 진실한 마음으로 열성을 다하는 사람은 자신의 실제 사회적 신분과 전혀 어울리지 않는 선행을 독려할 수 있다. 토머스 라이트가 전과자의 갱생을 이야기하고 존 파운즈가 빈민 학교의 필요성을 이야기하는 데 그쳤다면 아무것도 이루어지지 않았을 것이다. 하지만 이들은 마음속에 '말이 아니라 행동'이라는 생각 하나만을 품고서 일을 시작했다.

좋은 본보기에서 지혜를 접하기에
좋은 사람과 교분을 맺어야 한다

인성 교육은 단언컨대 본보기의 문제다. 우리는 무의식적으로 주변 사람의 인격과 예의, 습관과 의견에 따라 자신을 만들어 간다. 좋은 규칙은 많은 것을 할 수 있지만, 좋은 본보기는 훨씬 더 많은 것을 할 수 있다. 좋은 본보기에서 우리는 실제로 살아 움직이는 가르침과 지혜를 접하기 때문이다.

좋은 말로 훈계하면서 나쁜 행동을 보이는 것은 한 손으로 건물을 지으면서 다른 손으로 그 건물을 허무는 꼴이나 마찬가지다. 그러므로 동료를 가려 사귀는 일은 세심한 주의를 기울여야 할 중대사이며, 젊은 시절에는 특히 그렇다.

젊은이 사이에는 자석처럼 서로를 끌어당기는 힘이 있어 자기도 모르는 사이에 서로의 비슷한 면에 동화되기 쉽다. 에지워스는 젊은이는 자신이 자주 만나는 친구에게 공감하고 이로부터 아무 생각 없이 그 친구의 논조를 그대로 따른다거나 거기에 사로잡히기 때문에 가장 모범이 되는 친구를 가려 사귀도록 가르치는 일이 가장 중요하다고 굳게 믿었다. "좋은 친구가 아니면 사귀지 말라"가 에지워스의 좌우명이었다.

콜링우드는 젊은 친구에게 편지를 쓰면서 이렇게 적었다. "나쁜 친구와 어울리느니 차라리 혼자가 더 낫다는 말을 자네 좌우명으로 삼게나. 자네와 동등하거나 자네보다 나은 친구를 사귀게. 어떤 사람의 가치는 언제나 그 사람이 사귀는 친구를 보면 알 수 있으니 말일세." 또한 저명한 정치가 시드넘 박사는 사귀는 사람이 좋은 사람인지 나쁜 사람인지에 따라서 누구나 때로는 좋은 사람이 되기도 하고 나쁜 사람이 되기도 한다고 말했다.

유명한 초상화가 피터 릴리는 되도록 나쁜 그림을 보려 들지 않았다. 그런 그림을 보면 자신의 연필이 오염될뿐더러 타락한 인간의 표본을 응시하고 자신이 사는 사회와 너무 자주 접촉하기로 마음먹은 사람은 점점 그런 본보기에 동화될 수밖에 없다고 믿었기 때문이었다. 따라서 좋은 사람과 교분을 맺고 언제나 자신보다 높은 수준을 목표로 삼는 게 바람직하다.

정치경제학자 프랜시스 호너는 높은 이상을 품은 여러 지성인과 직접 교분을 나눔으로써 자신이 얻은 이점을 이렇게 말했다. "나는 내가 읽었던 어떤 책보다 이들을 통해 더 큰 지적 발전을 이뤄냈다고 주저 없이 말할 수 있다."

정치가 셸번은 젊은 시절에 고명한 프랑스 법률가 말제르브를 방문한 적이 있었는데, 이 만남에 깊은 감명을 받고선 이렇게 말했다. "이제껏 꽤 많은 곳을 돌아다녔지만, 어떤 사람과의 개인적인 만남에서 이렇게 큰 영향을 받은 적은 없었다. 내가 살아가면서 무엇인가 좋은 일을 한다면, 장담하건대 말제르브 씨에 대한 추억이 내 영혼을 움직였기 때문일 것이다."

파월 벅스턴도 항상 거니 가문이 본보기가 되어 이런 시절 자신의 인격이 형성되는 데 강력한 영향력을 미쳤다고 기꺼이 인정했다. 그는 이렇게 말하곤 했다. "그것은 내 삶에 생기를 불어넣었다." 더블린대학교에서 자신이 거둔 성공을 이야기하면서 벅스턴은 "내가 성공한 비결은 얼럼에 있는 거니 가문을 여러 차례 방문한 것밖에 없다"고 털어놓았다. 그는 거니 가문에서 자기 계발이라는 감염병에 걸린 것이었다.

좋은 사람으로 인해 고양되고,
높은 목적과 목표의 영역에 들어서다

좋은 사람을 사귀면 반드시 좋은 일이 생기고 마치 여행자가 지나온 여정에서 마주친 꽃과 관목의 향기가 여행자의 옷에 잔향을 남기듯 우리에게 축복을 가져온다. 작고한 존 스털링을 알고 지냈던 사람들은 그가 자신과 사귄 사람 모두에게 좋은 영향력을 발휘했다고 말했다. 많은 사람이 스털링 덕분에 처음으로 더 고매한 삶에 대해 자각했고 그로부터 자기가 어떤 사람이고 앞으로 어떤 사람이 되어야 하는지 배웠다고 말했다. 트렌치는 그에 대해 이렇게 말했다. "그의 고귀한 성품을 마주하기만 하면 나 역시 어느 정도 고상해지고 고양되는 기분을 느끼지 않을 수 없었다. 그와 헤어질 때가 되면 내가 습관적으로 안주하려는 유혹을 느꼈던 것보다 높은 목적과 목표의 영역에 들어섰다고 느꼈다."

고매한 인격은 늘 이렇게 작용한다. 우리는 자기도 모르는 사이에 이런 인물로 인해 고양되고, 그가 느끼는 대로 느끼고 같은 시각으로 사물을 보는 습관을 얻게 될 수밖에 없다. 이것이 바로 우리 마음이 서로에게 미치는 마술과도 같은 작용과 반작용이다.

예술가도 자기보다 위대한 예술가와 교분을 나누면서 고양감을 느낀다. 하이든의 천재성에 처음 불을 지핀 것은 헨델이었다. 하이든은 헨델의 연주를 듣는 순간 작곡을 해보고 싶다는 열정에 사로잡혔다. 이런 계기가 없었다면 하이든은 자신이 오라토리오 〈천지창조(Creation)〉를 작곡하지 못했을 거라고 믿었다. 그는 헨델을 두고 이렇게 말했다. "일단 곡을 고르면 벼락 치듯 연주했다." 또 한 번은 이렇게 말하기도 했다. "음표 하나하나에 온 심혈을 기울였다." 이탈리아 작곡가 스카를라티 역시 헨델을 열렬히 따랐던 또 다른 신봉자로 헨델을 따라 이탈리아 전역을 여행하기도 했다. 훗날 그는 이 위대한 스승에 대해 말할 때면 존경의 표시로 성호를 먼저 그었다.

진정한 예술가는 다른 예술가의 위대함을 인정하는 데 인색하지 않다. 따라서 베토벤이 케루비니에게 탄복한 일은 합당하다. 그는 슈베르트의 천재성에 열렬히 환호하기도 했다. 베토벤은 이렇게 말했다. "슈베르트의 내면에는 진정으로 신성한 불꽃이 타오르고 있다."

　화가 노스코트는 어린 시절 위대한 화가 레이놀즈를 어찌나 존경했던지 한번은 이 위대한 화가가 데본셔에서 공개 행사에 참석했는데, 이때 이 소년은 군중을 헤치고 그에게 가까이 다가가 그의 옷깃을 만졌다. 훗날 노스코트는 "그 행동에 나는 크게 만족했다"고 회상했다. 그것은 천재를 동경한 젊은 열정이 만들어낸 진실한 접촉이었다.

손을 쓰든 머리를 쓰든 기쁜 마음으로
온 힘을 다해 유쾌하게 일하자

젊은이에게 보일 수 있는 가장 가치 있고 전염성 강한 본보기는 유쾌하게 일하는 자세다. 유쾌함이 있으면 정신이 유연해진다. 그 앞에서 무서운 망령은 달아나고 곤경에 처하더라도 절망하지 않게 된다. 유쾌함은 희망과 만나고 정신은 좀처럼 실패하지 않을 성공의 기회를 개척하는 낙천적인 성향을 얻게 된다. 열정을 품은 영혼은 언제나 건강하고 행복한 영혼이다. 자신도 유쾌하게 일할뿐더러 다른 사람도 일하도록 독려한다. 유쾌함은 지극히 평범한 일에도 존엄함을 불어넣는다.

또한 손을 쓰든 머리를 쓰든 기쁜 마음으로 온 힘을 다하는 일이야말로 가장 좋은 효과를 거두는 일이다. 조지프 흄은 우울한 정신으로 한 해에 1만 파운드를 버는 대지주가 되기보다는 차라리 언제나 사물의 밝은 면을 보는 유쾌한 기질의 사람이 되겠다고 말하곤 했다. 그랜빌 샤프는 노예해방을 위해 지칠 줄 모르는 노력을 기울이는 와중에도 저녁이면 자기 형제의 집에서 열리는 합창이나 연주 모임에 참석해서 노래를 부르거나 플루트, 클라리넷, 오보에를 연주하면서 위안을 얻었다. 일요일 저녁에 헨델의 오라토리오를 연주할 때면 팀파니를 연주했다. 아주 가끔이기는 했어도 캐리커처를 그리는 일에 열중하기도 했다.

파월 벅스턴 역시 아주 유쾌한 사람이었다. 야외 스포츠를 즐기고 자기 아이들과 함께 시골에서 말을 달리고 집에서 즐기는 오락거리에 푹 빠져 지내는 일에서 특별한 기쁨을 얻었다.

또 다른 분야를 보면, 아널드 박사는 온 마음과 정신을 다 바쳐 젊은이를 훈련하고 가르친다는, 자기 평생의 숙원에 헌신한 고결하고 유쾌한 성품을 지닌 일꾼이었다. 감탄할 만한 그의 전기에는 이렇게 쓰여 있다. "레일럼 서클에서 가장 두드러졌던 특징이라면 그곳의 전반적인 분위기가 놀라울 만큼 건전하다는 것이었다. 새로 온 사람이라도 여기에서 위대하고 진지한 일이 진행되고 있음을 단박에 눈치챌 수 있었다. 학생은 누구나 자신에게 해야 할 일이 있고 자신의 의무뿐만 아니라 행복도 그런 일을 잘 해내는 데 놓여 있음을 인식하게 된다. 그렇기에 말로 표현하지 못할 열정이 젊은이의 인생관에 스며들었고, 행복한 존재가 될 수 있는 수단은 자신이 유용한 존재가 되는 것이며, 그 수단이 자신에게 있음을 자각하고선 묘한 기쁨에 사로잡혔다. 삶과 자기 자신, 그리고 이 세상에서 자신이 해야 할 일과 임무가 얼마나 중요한 것인지 일깨워준 아널드 박사를 향해 깊은 존경과 열렬한 애정이 솟구쳤다.

이 모든 것의 바탕에는 아널드 박사의 인격에 담겨 있는 놀라운 진실함과 현실 감각뿐만 아니라 그 폭과 포용력, 그리고 어떤 종류든 그가 모든 일에 대해 품고 있던 꾸밈없는 존중, 복잡한 사회 집단을 위해서나 각 개인의 성장과 보호를 위해서나 그런 일이 중요하다는 그의 인식이 놓여 있었다. 이 모든 일에는 어떤 흥분도, 특정 계층에 대한 편애도, 일방적 목표에 대한 어떤 열정도 없었다. 일이 지상의 인간에게 맡겨진 소명이라는 겸손하고 심오하며 지극히 종교적인 인식, 자신에게 주어진 다양한 능력의 목적, 자신의 본성에서 발전시키도록 정해져 있으며 천국을 향해 나아가는 길에 놓여 있는 요소가 있을 뿐이었다."

아널드 박사에게 사회에서 쓸모 있는 사람이 되도록 훈련받았던 수많은 인재 중에는 허드슨 기병대의 용맹한 지휘관 허드슨이 있었다. 그는 여러 해가 지난 후 인도에서 집으로 편지를 보내면서 자신이 존경하는 스승에 대해서 이렇게 적었다. "그분이 끼친 영향력은 그 효과가 지극히 오래 지속되고 그저 놀라울 따름입니다. 심지어 여기 인도에서도 느껴질 정도로 말입니다. 더 이상 어떻게 말해야 할지 모르겠군요."

끝까지 유능하고 유쾌하게 일해서
가족과 공동체에 훌륭한 본보기가 되자

　부지런함을 갖춘 올바른 사람이 주변 사람과 가족에게 유익한 영향력을 행사하고 나아가 조국을 위해 큰일을 해내도록 한 본보기를 존 싱클레어의 삶만큼 확실하게 보여준 예는 찾기 힘들 것이다. 프랑스의 성직자 그레구아르 수도원장은 그를 가리켜 '유럽에서 가장 끈기 있는 인물'이라고 평하기도 했다.

　싱클레어는 원래 북해에 면해 있는 거칠기 짝이 없는 촌구석으로, 문명의 손길이라고는 거의 닿지 않는 존 오그로츠 하우스 인근의 꽤 큰 영지에서 태어난 지주였다. 그가 열여섯이 되던 해에 아버지가 세상을 떠나자 일찍부터 그에게 가산을 관리하는 일이 맡겨졌다. 열여덟 살이 되자 케이스네스 카운티에서 왕성하게 농지개량사업에 착수했고, 결국 이 사업은 스코틀랜드 전역으로 퍼져나갔다.

당시 농업은 상당히 낙후된 상태여서 농지의 구획도 정리되어 있지 않았고 배수도 제대로 이뤄지지 않았다. 케이스네스의 영세농은 너무 가난해서 말이나 조랑말 한 마리를 먹여 키울 엄두를 내지 못했고 힘든 일이나 짐을 나르는 일은 대개 여성이 맡아 했다. 말을 잃어버린 소작농은 가장 값싸게 말을 대체하는 방법으로 아내를 맞아들이는 일이 다반사였다. 이 고장에는 도로나 다리도 없어서 남쪽으로 소떼를 몰고 갈 때면 소몰이꾼이 소와 함께 헤엄을 쳐서 강을 건너야 했다. 케이스네스로 이어지는 주요 통로는 산비탈의 높은 암반을 따라 놓여 있었고, 그 길은 수직 높이가 해수면에서 수십 미터에 달했고 그 밑으로는 바다가 넘실거렸다.

비록 젊은 나이였지만 싱클레어는 벤 체일트 산을 넘는 도로를 새로 만들겠다고 결심했다. 나 몰라라 하던 나이 든 지주들은 그의 계획을 불신하고 비웃기까지 했지만 그는 혼자 힘으로 도로를 놓았다. 어느 여름날 아침, 1,200명에 이르는 일꾼을 불러 모아놓고 동시에 일을 시작하게 했다. 현장에 나와 직접 모범을 보이면서 일꾼을 감독하고 독려했다. 날이 채 어두워지기도 전에 양떼나 지나다니는 위험하기 그지없고 말을 몰고 지나가기가 거의 불가능했던 약 10킬로미터의 좁은 길이, 마차가 지나다닐 만한 도로가 되었다.

마치 마법의 힘을 빌린 듯했다. 이는 활동력과 함께 노동력을 올바른 방향으로 이끌면 어떤 일이 일어날 수 있는지를 보여주는 경탄할 만한 본보기로, 인근 주민에게 지극히 유익한 영향을 미칠 수밖에 없었다.

이후 그는 더 많은 도로를 놓고 방앗간을 세우고 다리를 짓고 황무지를 개간해서 울타리를 치는 일을 계속해 나갔다. 그는 개선된 경작 방법과 규칙적인 윤작법을 도입하는 한편, 농업 육성을 위해 적은 금액이나마 보조금을 나눠줌으로써 이내 자기 영향력이 미치는 범위에 속해 있는 사회 구조 전반을 활성화하고 땅을 경작하는 사람의 뇌리에 완전히 새로운 정신을 심어주었다. 접근하기조차 어려웠던 북쪽의 한 지역이자 문명 세계의 끝이었던 케이스네스는 어엿한 도로와 농업과 어장을 갖춘 모범적인 고장으로 탈바꿈했다. 싱클레어가 어렸을 때는 우체부가 일주일에 한 번씩 도보로 우편을 배달했지만, 이 젊은 준남작은 서소까지 매일 우편 마차가 들어올 때까지 절대로 쉬지 않겠다고 선언했다. 주민들은 그 말을 믿을 수가 없었고, 이 고장에서는 도저히 불가능한 계획을 빗대어 속담처럼 이런 말을 쓰게 되었다. "아, 그래. 싱클레어가 서소에서 날마다 우편을 받아보게 되는 날, 그 일이 성사될 걸세!" 하지만 싱클레어는 생전에 자기 꿈이 이뤄지는 것을 보았다. 우편물이 날마다 서소까지 들어오게 된 것이었다.

그의 자선사업은 범위를 점점 더 넓혀 나갔다. 그는 비록 혼자 있길 즐기고 세상에 잘 알려지지 않은 시골 신사였지만, 영국의 주력 상품 중 하나인 양모의 품질이 크게 떨어진 것을 보고 곧바로 양모의 품질 개량에 뛰어들었다. 이를 위해 그는 개인적인 힘을 쏟아 영국 양모 협회를 설립했고, 자기 돈으로 세계 여러 나라에서 800마리의 양을 수입해 품질을 실질적으로 개량하는 데 앞장섰다. 이때 스코틀랜드에 유명한 체비엇 종의 양이 들어오게 되었다.

양을 기르는 농부들은 남쪽 지방에서 자라던 양이 북쪽 지방에서도 잘 자랄 수 있다는 생각을 비웃었다. 하지만 싱클레어는 묵묵히 그 일을 계속해 나갔고, 몇 년 지나지 않아 북쪽 카운티 네 곳의 전 지역만을 놓고 따지면 보급된 체비엇 종의 양이 무려 30만 마리가 넘었다. 모든 목초지의 가치가 엄청나게 상승했고, 그 덕에 예전에는 가치가 거의 없다시피 했던 스코틀랜드의 영지가 상당한 지대 수입을 얻게 되었다.

케이스네스 주민의 지지로 의회에 진출한 싱클레어는 30년 동안 의원으로 자리를 지키면서 표결에 빠진 적이 거의 없었고, 그의 지위가 가져다준 유익한 기회를 결코 소홀히 다루지 않았다. 그가 유익한 모든 공공사업에서 보여준 끈기 있는 활동력을 눈여겨봤던 피트 총리가 그를 다우닝가 총리 관저로 불러 원하는 일이 있으면 도움을 주겠다고 제안했다.

　여느 사람이었다면 자신의 영달을 우선 생각했겠지만, 싱클레어는 자신을 위해서 바라는 것은 전혀 없으며 다만 전국농업위원회 설립에 총리가 도움을 준다면 가장 흡족한 일이 될 것이라는 뜻을 넌지시 비쳤다. 작가 아서 영은 싱클레어의 계획이 절대로 성사될 리 없다고 장담하면서 이렇게 말을 덧붙였다. "자네의 농업위원회는 달나라에 세워질 걸세." 하지만 그는 위원회 설립을 강력하게 추진하면서 이 문제에 대한 대중의 관심을 불러일으키는 한편, 의회 의원 대다수의 찬성을 얻어 마침내 농업위원회를 설립해 위원장으로 임명되었다.

　이 위원회가 농업과 축산업 부문에 좋은 자극제가 되었고 머지않아 영국 전역에 그 영향력이 미치게 되었다. 위원회의 활동으로 수만 에이커에 이르는 토지가 황무지 상태에서 벗어나게 되었다. 그는 어업의 기틀을 마련하는 일에서도 마찬가지로 지칠 줄 모르는 노력을 기울였으며, 서소와 윅 지역에 영국 산업의 거대한 기틀이 성공적으로 뿌리내리게 된 것은 주로 그의 노력 덕분이었다. 그는 항구의 중요성을 오랜 세월 주장했고 마침내 윅 지역에서 항구를 지을 부지를 확보하는 데 성공함으로써 윅을 전 세계에서 가장 크고 번창한 어업 도시로 발전시켰다.

싱클레어는 자신이 관여한 모든 일에 자신의 온 힘을 쏟아부었다. 활동력이 없는 사람은 분발하게 만들고 게으른 사람은 자극하고 희망을 품은 사람은 격려하면서 이들 모두와 함께 일을 해나갔다. 프랑스가 침공할 우려가 일자 그는 피트 총리에게 자기 영지에서 1개 연대를 양성하겠다고 제안했고 그 말을 지켰다. 그는 먼저 북부 지방으로 가서 600명을 모집하여 1개 대대를 편성하고 이후 1천 명으로 병력을 증원했다. 이 부대는 싱클레어의 고결한 애국심에 감화되어 지금껏 양성되었던 자원병 연대 가운데 가장 뛰어난 부대로 인정받았다.

에버딘에 설치된 병영에서 지휘관직을 수행하는 동안에도 스코틀랜드 은행 총재, 영국 양모 협회장, 윅 시장, 영국 어업 협회 이사장, 재무부 채권 발행 위원, 케이스네스 지역구 의원, 농업위원회 위원장직을 함께 맡았다. 이렇게 다양한 모든 직무를 자진해서 수행하는 중에도 책을 쓸 시간을 찾아냈고 쓰는 책마다 호평을 받았다.

주영 미국대사 러시는 영국에 도착한 뒤 홀컴 출신의 코크 의원에게 농업 부문을 다룬 책 중에서 최고의 책이 무엇인지 문의했고, 코크 의원으로부터 존 싱클레어의 책을 추천받았다. 대사는 이어 밴시터트 재무부 장관에게 영국의 재정에 관한 최고의 책을 물었을 때도 존 싱클레어가 쓴 『History of Public Revenue(국가 세입의 역사)』를 추천받았다. 하지만 지칠 줄 모르는 싱클레어의 부지런함을 보여주는 위대한 금자탑은 21권으로 된 『Statistical Account of Scotland(스코틀랜드 통계집)』이다. 시대와 국가를 막론하고 지금까지 출판된 책 가운데 가장 가치 있는 실용 서적 중 하나로, 누군가는 질려할 만한 책이지만 싱클레어 자신에게는 활력을 불러일으키고 유지하는 데 일조한 책이었다. 다른 일을 숱하게 처리하는 와중에도 거의 8년에 가까운 시간에 걸쳐 힘들게 노력해서 이 책을 썼고, 그동안 이 문제에 관해 주고받은 서신만 무려 2만여 통에 이른다.

이 책은 순전히 애국심에서 비롯된 과업이었다. 그는 저자로서 이 책을 완성했다는 명예를 빼고는 그 어떤 개인적 이익도 얻지 않았으며, 자신의 수익금 전액을 스코틀랜드 성직자 자녀

협회에 희사했다. 이 책이 출간되면서 공공 부문에서 커다란 개선이 이루어졌다. 그가 이 책에서 관심을 기울여달라고 당부했던 몇 가지 억압적인 봉건적 특권이 즉시 철폐되었고, 수많은 교구에서 학교 교사와 성직자의 봉급이 인상되었으며, 스코틀랜드 전역에서 농업에 더 큰 관심을 기울이게 되었다.

이후 싱클레어는 훨씬 큰 노력을 들여 자료를 수집하고 이 책과 유사한 잉글랜드 통계집을 출판하겠다고 공식 제안했지만, 유감스럽게도 당시 캔터베리 대주교가 성직자의 십일조에 지장을 주지 않을까 우려해서 이를 허락하지 않는 바람에 그 구상을 포기할 수밖에 없었다.

그의 열성적이고 기민한 일 처리 능력을 알 수 있는 주목할 만한 사례로는 공업 지역에 큰 위기가 닥쳤을 때 이를 구제하기 위해 그가 취한 대처 방식에서 찾을 수 있다.

1793년, 전후의 경기침체로 줄도산이 이어졌고 맨체스터와 글래스고의 일류 기업 중 상당수도 휘청거리고 있었다. 보유 재산이 부족해서가 아니라 교역과 신용의 통상적인 원천이 일시적으로 막혔기 때문이었다. 노동계급 사이에서 극심한 궁핍을 겪을 시기가 목전에 다가온 듯했다.

이때 싱클레어는 의회에서 500만 파운드 상당의 재무부 채

권을 즉시 발행해 담보를 제공할 수 있는 상인에게 대출해줘야 한다고 주장했다. 의회에서 이 제안이 채택되었고, 자신이 지명한 몇몇 의원과 함께 그 계획을 추진하겠다는 그의 제안 역시 받아들여졌다. 이 제안이 밤늦은 시간에 표결을 통과하자 싱클레어는 관료주의와 문서주의로 인해 조치가 지연되리라 예상하고 이튿날 아침 일찍 시중 은행을 직접 찾아가 개인 담보를 제공하고 7만 파운드의 자금을 대출받아 그날 저녁에 지원이 가장 시급한 상인들에게 자금을 보냈다.

싱클레어를 만난 피트 총리는 자금 압박에 시달리고 있는 맨체스터와 글래스고에 원하는 것만큼 서둘러 자금을 공급하지 못할 것이라면서 깊은 유감을 표명하고 이렇게 덧붙였다. "며칠 내로는 자금을 마련하기가 힘들겠습니다." 그러자 싱클레어는 의기양양하게 이렇게 대답했다. "자금은 이미 보냈습니다. 오늘 밤 우편환으로 런던을 떠났습니다." 훗날 이날의 일화를 이야기하면서 싱클레어는 회심의 미소를 지으며 이렇게 덧붙였다. "피트 총리가 칼에라도 찔린 것처럼 깜짝 놀라더군."

이 선하고 훌륭한 사내는 끝까지 유능하고 유쾌하게 일하며 가족과 조국에 훌륭한 본보기가 되었다. 다른 사람의 선을 위해 그토록 열심히 노력한 대가로 부가 아닌 자기 자신의 선을 찾았다고 말할 수 있다. 후덕함 덕분에 개인 재산이 심각하게 줄었지만, 대신 행복과 자기만족과 지식을 능가하는 평화를 얻었다.

노력의 숭고한 힘을 보여준 이 위대한 애국자는 조국에 대한 의무를 훌륭히 수행하면서도 가족을 소홀히 돌보지 않았다. 그의 아들딸은 모두 명예롭고 유능한 사람으로 성장했다. 그가 팔순에 가까워질 때까지 살아서 일곱 명의 아들이 장성하는 모습을 지켜보았다. 이것은 싱클레어가 가장 자랑스러운 일 가운데 하나라고 말할 수 있을 만한 것이었다.

Samuel Smiles

자신만의 원칙을 지키며 인격을 쌓기 위해 노력하자

덜 배우고 덜 부유해도 인격이 훌륭하면, 언제 어디서나 영향력을 발휘한다

인격은 인생의 왕관이자 영광이다. 인격은 인간이 소유할 수 있는 것 가운데 가장 고귀한 것이며, 그 자체로 등급이 매겨지고, 일반적 평판이라는 측면에서는 하나의 재산이기도 하다. 또한 모든 계급을 존귀하게 만들고 모든 사회적 지위를 칭송한다. 부귀보다 더 큰 힘을 발휘하며, 명성을 탐내지 않아도 모든 명예를 차지한다.

인격에는 언제나 이야기되는 영향력이 동반한다. 왜냐하면 인격이야말로 증명된 명예와 정직성과 언행일치의 결과, 즉 다른 어떤 것보다도 인간의 신뢰와 존경을 받게 만드는 자질이 빚어낸 결과이기 때문이다.

인격은 최고의 형식을 갖춘 인간 본성이다. 인격은 각 개인에 구현된 도덕적 질서이기도 하다. 인격을 갖춘 사람은 사회의 양심일 뿐만 아니라 통치가 제대로 이루어지는 모든 국가에서는 국가를 움직이는 최고의 힘이기도 하다. 세상을 다스리는 것이 대체로 도덕적 자질이기 때문이다.

나폴레옹은 전쟁에서도 도덕적 요소가 10이라면 물질적 요소가 1이라고 말했다. 각국의 국력과 산업과 문명 수준은 모두 개인의 인격에 달려 있다. 그리고 시민의 안전을 위한 토대 역시 그런 인격에 달려 있다. 법률과 제도는 그저 그런 인격의 결과물에 지나지 않는다. 자연의 공정한 균형 속에서 개인과 국가와 인종은 각자가 더도 말고 덜도 말고 딱 받을 만큼만 얻게 된다. 원인이 있어야 결과가 있듯이, 인격의 자질이 사람 사이에서 그에 걸맞은 결과를 낳는다.

많이 배우지도 못했고 능력도 변변치 않고 재산도 별로 없는 사람이어도 인격이 훌륭하다면, 그 사람은 공장, 사무실, 시장, 의회 등 언제 어디서나 영향력을 발휘한다. 정치가 캐닝은 1801년에 이런 글로 지혜를 보여준다. "내가 걷는 길은 인격을 통해 권력으로 나아가는 길이여야 한다. 다른 길은 발도 들이지 않을 것이다. 나는 이 길이 가장 빠른 길은 아니더라도 가장 확실한 길이라고 확신할 만큼 낙관적이다."

지성을 갖춘 사람을 존경할 수 있지만 이런 사람을 신뢰하려면 우리 앞에 더 많은 무엇인가가 필요하다. 그렇기에 영국 총리를 역임한 존 러셀은 진리를 한 문장에 담아 이렇게 말했다. "천재에게 도움을 구하되 인격자가 인도하는 대로 따르는 것, 그것이 영국 정당의 특징이다."

　미국의 저명한 정치인인 벤저민 프랭클린도 자신이 공인으로 성공할 수 있었던 이유를 그저 평범한 정도에 불과했던 자신의 재능이나 언변이 아니라 성실한 인격에 돌렸다. 그는 이렇게 말한다. "나는 내 동포에게 아주 중요한 사람이다. 그 덕에 단어를 선택할 때 자주 머뭇거리고 정확한 언어를 구사하지도 못하는, 웅변가도 아니고 그저 형편없는 연설가에 불과하지만 그래도 대체로 내가 말하려는 요점은 제대로 전할 수 있었다."

　높은 계층에 속한 사람이든 보잘것없는 삶을 사는 사람이든 그 사람에 대한 신뢰를 낳는 것은 인격이다. 사람들은 러시아의 초대 황제 알렉산드르 1세에 관해서 그의 인격이 곧 헌법이었다고 말한다. 프롱드의 난이 한창이던 때에 몽테뉴는 프랑스 귀족 가운데 자기 성문에 빗장을 걸어 닫지 않았던 유일한 사람이었다. 몽테뉴 개인의 인격이 기병연대보다 그를 더 안전하게 보호해준 것이다.

진실함과 성실성과 선은
고매한 인격의 중핵을 이룬다

'인격의 힘'이라는 말은 '아는 게 힘'이라는 말보다 훨씬 더 진실에 가깝다. 인정이 없는 마음이나 행동하지 않는 지성, 선의가 없는 영리함도 나름대로 힘이겠지만 그런 힘은 오로지 해를 입힐 뿐이다. 우리는 이런 힘에서 지식을 얻거나 흥미를 느낄 수는 있겠지만, 소매치기의 손재주나 노상강도의 승마술을 감탄할 수 없듯이 그런 힘에 찬사를 보낼 수는 없다.

누구의 입김에도 좌우되지 않는 자질인 진실함과 성실성, 선은 고매한 인격의 중핵을 이루며, 어느 고대 작가의 말처럼 "제복을 입지 않고도 미덕의 여신에게 봉사할 수 있는 충성심"을 낳는다. 결단력과 더불어 이런 자질을 갖춘 사람에게는 아무도 거스를 수 없는 힘이 생겨난다. 그 사람은 선을 행하고 악을 물리치고 고난과 불행을 견뎌낼 만큼 강하다.

콜론나 가문의 스테파노는 비열한 습격자의 손에 붙잡혔을 때 이들로부터 "네 요새가 어디 있느냐?"는 비웃음 섞인 질문을 받았다. 그러자 그는 자기 가슴에 손을 얹고선 "여기"라고 당당하게 대답했다. 올곧은 사람의 인격은 불행 속에서 가장 찬란하게 빛난다. 그리고 다른 사람이 모두 쓰러져도 그는 자신의 고결함과 용기를 발판 삼아 굳게 버텨낸다.

자신만의 원칙을 따르면서 충실히 진리를 지켰던 어스킨의 처세훈은 모든 젊은이의 가슴에 깊이 새겨둘 만하다. 그는 이렇게 말했다. "내가 어린 시절 처음으로 받은 명령이자 조언은 언제나 내 양심이 내게 명하는 의무를 다하고 그 결과는 신께 맡기라는 것이었다. 나는 무덤에 들어갈 때까지 부모님께서 주신 이런 가르침을 기억하고 실천할 것이다. 내가 그런 가르침을 따른 결과로 세속적인 희생을 치러왔다고 불평할 이유가 없다. 오히려 그것이야말로 번영과 부귀에 이르는 길임을 깨달았기에 내 자식에게도 똑같은 길을 가도록 가르칠 것이다."

모든 사람은 훌륭한 인격을 갖추는 것, 이것을 삶의 지상 목표로 삼아야 한다. 적절한 방법으로 인격을 쌓기 위해 온갖 노력을 기울이다 보면 분투하려는 동기가 생기고, 인격이 고양되는 만큼 인간다운 삶에 관한 생각이 동기를 확고히 살아 움직이게 한다. 설령 실현하지 못하더라도 삶의 기준은 높이 세우는 것이 좋다.

삶과 사고방식의 기준이 높은 사람은 이런 기준이 전혀 없는 사람보다 훨씬 나은 삶을 살게 된다. 스코틀랜드에는 이런 속담이 있다. "황금 옷을 잡아채면 그 옷소매라도 얻게 된다."

가장 높은 결과에 이르려고 노력하는 사람이라면 누구나 처음 출발했던 지점보다 훨씬 멀리까지 이르게 되고, 설령 처음 생각했던 최종 목적지에 못 미치더라도 일어서려는 노력 그 자체만으로도 영원히 유익한 것임은 분명하다.

참된 인격자는 누가 보든 안 보든 늘 올바르게 행동한다

말뿐만 아니라 행동의 진실성은 올곧은 인격의 핵심이다. 사람은 모름지기 겉과 속이 일치해야 한다. 미국의 한 신사가 그랜빌 샤프에게 그의 훌륭한 인품을 존경해 자신의 아들 중 한 명에게 그의 이름을 붙여주었다는 내용의 편지를 보냈다. 샤프는 이렇게 답장했다. "제 이름을 붙여 준 아들에게 우리 가문의 가훈을 가르쳐주셨으면 합니다. '겉으로 드러나 보이고 싶은 모습과 똑같은 사람이 되도록 항상 노력하라.' 선친께서 제게 알려주셨듯, 제 조부님께서도 겸허한 마음으로 주의를 기울여 이 가훈을 실천하셨다고 합니다. 소박하고 정직한 분이었던 조부님의 성실성은 사회생활이나 가정생활에서 그분의 인격을 보여주는 중요한 특징이었습니다."

자신을 존중하고 타인을 존중할 줄 아는 사람이라면 누구나 이런 좌우명을 행동으로 옮긴다. 고귀한 인격을 담아 자기 일을 하고 날림으로 일을 처리하지 않으면서 자신의 성실성과 양심에 자부심을 느낀다는 말이다.

언젠가 크롬웰은 똑똑하지만 다소 비도덕적인 변호사 버나드에게 이렇게 말했다. "자네가 요즘 신중하게 처신하고 있다고 알고 있네만, 그렇다고 너무 과신하지는 말게. 교활하게 처신하면 속을 수 있지만 고결하게 행동하면 속는 일은 절대 없을 걸세."

말과 행동이 맞지 않는 사람은 말에 무게가 없어 아무에게도 존경 받지 못한다. 이들이 아무리 진실을 말하더라도 그 말이 입 밖으로 나오는 순간 신용을 잃는 것처럼 보인다.

참된 인격자는 누가 보든 안 보든 올바르게 행동한다. 교육을 잘 받은 한 소년에게 아무도 보는 사람이 없는데 왜 배를 슬쩍 주머니에 챙기지 않았느냐고 묻자, 그 소년은 이렇게 대답했다. "보는 사람이 있었죠. 제가 보고 있었잖아요. 저는 부정직한 일을 하는 제 모습을 보고 싶진 않거든요."

이는 인격을 지배하고 고귀하게 지켜내는 원칙이나 양심이 수동적인 영향력뿐만 아니라 적극적으로 삶을 규제하는 힘을 보여주는, 단순하지만 부족하지는 않은 실례이다.

이런 원칙은 매일 매시간 인격을 형성해 가다가 매 순간 작동하는 힘으로 성장한다. 이런 주도적인 영향력이 없다면, 인격은 아무런 보호도 받지 못한 채 끊임없이 유혹 앞에서 무너지기 십상이다.

그런 유혹에 굴복해서 비열하거나 부정직한 행동을 하게 되면 아무리 가벼운 행동이라고 해도 스스로 자기를 낮추는 결과가 빚어진다. 그런 행위가 성공했는지 실패했는지, 발각되었는지 슬쩍 넘어갔는지는 중요한 문제가 아니다. 이런 행동을 저지른 사람은 예전과는 다른 사람이 된다. 그런 사람은 불안감이나 자책에 시달리게 되고, 죄의식을 피할 수 없는 운명에 이르게 된다.

자기 존중, 자조, 전념, 근면, 성실 등은
모두 믿음이 아니라 습관의 성질이다

좋은 습관을 기르는 일이 인격을 얼마나 크게 강화하고 지탱할 수 있는지를 알아볼 수 있다. 세간에서는 "사람은 습관의 묶음이고 습관은 제2의 천성"이라고들 한다. 이탈리아 시인 메타스타시오는 행위와 사유에서 반복이 갖는 힘을 강력히 표명하면서 이렇게 말했다. "인류의 모든 것은 습관이며, 심지어 미덕조차 그렇다."

조지프 버틀러 주교는 "미덕을 습관으로 만들면 결국 죄에 굴복하기보다 선해지기가 더 쉬울 테니, 자신을 열심히 수양하고 유혹에 단호하게 맞서는 게 중요하다"고 역설했다. 그는 이렇게 말한다. "육체의 습관이 외적 행동으로 만들어지듯 정신의 습관도 내면의 실천적 목적을 실행함으로써 만들어진다. 다시 말해서, 정신의 습관은 순종과 진실성, 정의, 자선의 원칙을 실행에 옮기거나 그런 원칙에 따라 행동함으로써 만들어진다."

브룸 역시 젊은 시절에 본보기에 따라 훈련하는 것이 지극히 중요하다고 강조하면서 이렇게 말했다. "나는 신의 가호 아래에 있는 모든 것을 습관에 맡긴다. 어느 시대나 교사뿐만 아니라 입법자도 주로 습관에 기대어 일을 했다. 습관은 모든 것을 쉽게 만들어 익숙한 길에서 벗어나기 어렵게 한다."

따라서 금주를 습관으로 삼으면 폭음을 혐오하게 되고, 검약을 습관으로 삼으면 대책 없는 낭비는 각자의 삶을 규율하는 행동 원칙에 어긋나는 것이 된다. 그러므로 나쁜 습관이 몸에 배지 않도록 하려면 세심한 주의와 경계가 필요하다.

인격은 언제나 이렇게 한 번 굴복한 바로 그 지점에서 가장 약하고, 복구시킨 원칙이 다시 단단해져 다시는 움직이지 않게 되기까지 오랜 시간이 걸리기 때문이다. 한 러시아 작가는 이런 사실을 멋지게 표현했다. "습관은 진주 목걸이다. 매듭을 풀면 구슬이 전부 풀어진다."

어디에서 쌓은 것이든 습관은 자기도 모르는 사이에 아무 힘을 들이지 않아도 작용한다. 그런 습관을 억누르려고 할 때가 되어서야 그 습관이 얼마나 강력해졌는지 실감하게 된다. 한두 번 해본 행동은 이내 쉬워지고 익숙해진다. 처음에는 습관이 거미집보다 약하게 생각될 수 있지만, 일단 형성되면 습관은 쇠사슬처럼 우리를 묶어 놓는다. 인생의 자잘한 일을 하나씩 살펴보면 마치 하늘에서 조용하게 송이송이 내리는 눈처럼 별로 중요하지 않게 여겨질 수도 있지만, 이런 눈이 쌓이면 눈사태를 만들어내기도 하는 법이다.

자기 존중, 자조, 전념, 근면, 성실 등은 모두 믿음이 아니라 습관의 성질이다. 실제로 원칙은 우리가 습관에 붙인 이름일 뿐이다. 원칙이란 말일 뿐이며 습관이 실체 자체이기 때문이다. 좋은 습관인지 나쁜 습관인지에 따라 은혜를 베푸는 사람이 되기도 하고, 폭군이 되기도 한다. 나이가 들어가면서 자유로운 활동과 개성의 일부는 습관이 되고 행동은 운명적인 것이 되면서 우리는 스스로 주위에 엮어놓은 사슬에 묶이게 된다.

젊은이가 유덕한 습관을 몸에 익히도록 하는 훈련은 실제로 매우 중요하다. 습관은 젊은 시절에 가장 쉽게 형성되고 일단 습관이 들면 평생을 간다. 나무껍질에 새겨놓은 글자가 나무가 자라면서 점점 커지고 넓어지는 것처럼 말이다. "아이가 마땅히 따라야 하는 길을 가도록 훈육하라. 그러면 나이가 들어서도 그 길에서 벗어나지 않는다."

시작은 그 안에 끝을 담고 있다. 인생이라는 여정은 처음 출발할 때 그 여행의 방향과 목적지가 결정된다. 언제나 첫걸음이 중요한 법이다. 콜링우드는 자신이 몹시 아끼던 한 젊은이에게 이렇게 말했다. "스물다섯이 되기 전에 평생 자네에게 도움이 될 인격을 갖춰야 한다는 점을 명심하게."

나이가 들수록 습관이 굳어지고 인격이 자리를 잡으면서 새로운 길로 방향을 바꾸기가 점점 더 힘들어진다. 그래서 때로는 잊어버리는 것이 배우는 것보다 더 어렵기도 하다. 이런 이유에서 고대 그리스의 어떤 플루트 연주자가 이미 실력 없는 스승에게서 배워온 학생에게는 수업료로 갑절을 받았던 일도 일리가 있다.

오랜 습관을 뿌리 뽑는 일은 이를 뽑는 일보다 더 고통스럽고 훨씬 어렵다. 게으름이 몸에 배고 낭비벽이 있고 늘 술에 취해 사는 사람을 뜯어고칠 수 있는지 시도해보라. 대체로 실패할 것이다. 이런 악습은 삶에서 떼어놓을 수 없는 부분이 될 때까지 삶에 깊이 스며들기에 뿌리 뽑을 수 없다. 그래서 유명한 종교 저술가인 린치는 이렇게 말했다. "가장 현명한 습관은 좋은 습관을 들이도록 신경을 쓰는 습관이다."

과장되거나 다른 뜻이 없이
자연스럽게 친절과 호의를 베풀자

행복은 그 자체로 습관이 될 수 있다. 사물의 밝은 면을 바라보는 습관이 있는가 하면, 어두운 면을 바라보는 습관도 있다. 존슨 박사는 "사물의 가장 좋은 면을 바라보는 습관이 한 해에 1천 파운드를 버는 사람보다 낫다"고 말했다.

그리고 우리에게는 불행과 퇴보가 아니라 행복과 진보를 가져오리라 생각되는 대상으로 생각을 돌리는 의지력을 행사할 힘이 있다. 이렇게 행복한 쪽으로 생각하는 것도 습관이 될 수 있다. 좋은 성격과 행복한 마음가짐을 지닌 온화한 성품의 사람을 길러내는 일은 대체로 지식과 소양을 많이 갖추는 것보다 훨씬 더 중요하다.

아주 작은 구멍으로도 햇빛을 볼 수 있듯이 아주 작은 일에도 사람의 인격이 나타난다. 실제로 인격은 사소하지만 바르고 영예롭게 수행된 행동에 깃들어 있다. 그런 면에서 일상생활은 인격을 쌓고 다듬어 나가는 채석장이라고 할 수 있다.

인격을 시험하는 가장 확실한 방법은 우리가 다른 사람을 어떻게 대하는지 살펴보는 것이다. 윗사람이나 아랫사람 혹은 동료를 품위 있게 대하는 행동은 즐거움이 끊임없이 솟아나는 원천이다. 그런 행동은 다른 사람의 인격을 존중하는 증거이기에 다른 사람을 기쁘게 하기도 하지만 우리 자신에게는 열 배나 더 큰 기쁨을 선사한다.

다른 일도 마찬가지지만 사람은 누구나 좋은 행실을 대부분 스스로 익힐 수 있다. 지갑에 동전 한 푼 들어 있지 않더라도 하겠다는 마음만 있으면 예의 바르고 친절하게 행동할 수 있다.

사회생활에서 상냥함은 아무 소리도 내지 않고 세상 만물에 색을 입히는 빛의 영향력과도 같다. 상냥함은 큰 소리를 내거나 우격다짐보다 훨씬 강력하고 더 많은 결실을 얻을 수 있다. 상냥함은 마치 그저 꾸준히 성장하는 것만으로 추위를 이겨내고 봄에 피어난 아주 작은 수선화처럼 조용하고 줄기차게 자기 길을 밀고 나간다.

친절한 표정만으로도 주변 사람에게 즐거움과 행복을 전할 수 있다. 브라이튼의 로버트슨이 쓴 편지 가운데 한 통에는 어느 부인이 자신에게 전해준 이런 이야기가 담겨 있다. "일요일 날 교회를 나서다가 지나가는 가난한 소녀에게 다정한 눈길을 건넸더니 그 아이가 기쁨에 겨워 눈물을 흘리더군요. 얼마나 감동적인 가르침인지 모르겠어요. 그렇게 싼 값에 행복을 줄 수 있다니 말이에요. 천사 같은 일을 할 기회를 우리는 얼마나 놓치고 있는 걸까요? 그런 일을 생각만 해도 슬픔에 가득 차서 그냥 지나치다 보면 더 이상 생각하지 않게 되지요. 그런 일이 단 한 시간이라도 사람의 삶에 밝은 햇빛을 줄 수 있고 잠시라도 인간의 마음에 지워진 삶의 무게를 덜어줄 수 있는데 말이에요."

도덕과 예절은 삶을 윤택하게 해주기에 그런 도덕이나 예절을 문자로 명시해놓은 형식적인 법률보다 훨씬 더 중요하다. 법은 우리 삶의 이곳저곳에 손을 대지만 예절은 우리가 숨 쉬는 공기처럼 사회 구석구석에 퍼져 있다. 훌륭한 예절은 훌륭한 행동 그 이상도 그 이하도 아니다. 훌륭한 예절은 정중함과 친절함, 그리고 서로에게 도움이 되고 기쁨을 주는 사람 사이의 모든 교제에서 가장 중요한 요소인 자애로움으로 이루어진다. 작가 몬터규 부인은 이렇게 말했다. "예의 바름이 있으면 돈 한 푼 들이지 않고 모든 것을 산다."

세상에서 가장 싼 것이 친절이고, 친절을 베푸는 데 어려움이나 자기희생이 따를 가능성은 거의 없다. 엘리자베스 1세의 고문관이었던 벌리는 여왕에게 이렇게 진언했다. "마음을 얻으십시오. 그러면 만인의 마음은 물론 지갑까지 얻으실 수 있습니다."

과장되거나 다른 뜻이 없이 자연스럽게 친절을 베풀면 사회에 유쾌함과 행복함이라는 이루 헤아릴 수 없는 결과를 가져온다. 삶을 작게 변화시키는 소소한 호의는 하나씩 놓고 보면 그 자체로 별다른 가치가 없어 보이지만 그런 호의가 거듭되어 쌓이면 중요해진다. 이는 매일 시간을 조금씩 아끼거나 푼돈이라도 한푼 두푼 모으다 보면 1년이나 평생에 걸쳐 엄청나게 중요한 결과를 낳게 되는 것과 마찬가지다.

예절은 행동을 꾸미는 장식물이다. 친절하게 말하거나 친절하게 행동하는 방법으로 그 가치를 크게 높여준다. 마지못해 한 행동이나 우월감을 보여주려고 한 행동 따위가 호의로 받아들여지는 경우는 거의 없다. 하지만 자신의 퉁명스러움을 자랑스러워하는 사람도 있다. 비록 덕과 능력을 갖추고 있더라도 이들의 예절 때문에 견디기 힘든 경우가 종종 있다. 대놓고 모욕을 주지는 않더라도 습관적으로 다른 사람의 자존감에 상처를 입히고 무례한 언사를 늘어놓으면서 뿌듯해하는 사람을 좋아하기란 어렵다. 다른 사람을 지독하게 깔보면서 조금이라도 기회만 있으면 자신이 얼마나 훌륭한지를 내보이려는 사람도 있다.

애버네시는 성 바르톨로뮤 병원의 외과의 자리를 맡기 위해 여기저기 부탁하고 다니던 중에 병원 이사 중 한 명인 부유한 식료품상을 찾아간 적이 있다. 그 대단한 사람은 계산대 뒤에서 이 위대한 외과의가 들어오는 것을 보고선 자신에게 표를 구걸하러 온 것이라고 짐작하고 이내 거드름을 피우며 이렇게 말했다. "제 표와 관심이 필요하시겠지요. 선생 인생을 확 바꿔 줄 중대한 시기니까 말입니다." 허풍 떠는 꼴을 지독히도 싫어했던 애버네시는 그의 말투가 신경에 거슬려 이렇게 쏘아붙였다. "아니요. 1페니짜리 무화과 하나 사러 왔소. 이리 와서 좋은 것으로 하나 골라 싸주시구려. 여기서 빨리 나가고 싶으니까."

예절은 지나치면 겉멋이나 부리는 어리석은 짓으로 비칠 수도 있겠지만 사업 문제로 다른 사람과 교섭하는 경우가 있는 사람에게는 세련된 예절을 갖추는 일이 매우 중요하다. 상냥한 태도와 올바른 예의범절은 높은 지위의 사람이 성공하는 데에도 필수적인 것으로 여겨지며, 삶의 영역을 넓혀준다. 그런 예절이 없어서 근면하고 정직한 인격으로 빚어낸 결과가 상당 부분 물거품이 되는 경우를 드물지 않게 찾아볼 수 있다.

분명히, 상대의 예절에서 흠이나 모난 점을 참아주면서 진정한 장점만을 봐줄 정도로 그렇게 참을성 강한 사람은 극소수에 불과하다. 하지만 세상은 그렇게까지 참을성이 많지 않아서 주로 겉으로 드러난 행동에 따라 판단하고 좋고 싫음을 드러내게 마련이다.

의견이 다를 수 있음을 인정하고, 의견이 다르면 참고 견뎌라

진정한 공손함을 보여주는 방식 중 하나는 다른 사람의 의견을 존중하는 것이다. 거만함이 최고조에 이른 것이 독단이라고 하는데, 이런 자질이 띨 수 있는 최악의 형태는 독선과 오만이다. 의견이 다를 수 있음을 인정하고, 의견이 다르면 참고 견뎌라. 원칙과 의견은 굳이 난투극을 벌이거나 거친 말을 하지 않더라도 예의 바름만으로 완벽히 유지될 수 있다.

말이 타격을 가해 치유되기 힘든 상처를 입히는 상황도 있다. 이런 점을 염두에 두고 복음주의 연합 소속의 한 순회 설교자가 웨일스 경계 지역에서 들려주었다고 하는 교훈적인 짧은 우화 하나를 인용해보려고 한다. "안개가 깔린 어느 이른 아침에 산을 오르고 있었는데 산비탈에서 무엇인가가 움직이는 모습을 보았습니다. 하도 이상하게 생겨서 괴물인 줄 알았습니다. 가까이 다가가 보니 사람이었습니다. 더 가까이 가보니 내 동생이었습니다."

타고난 공손함은 올바른 심성과 친절한 마음에서 비롯되는 것이기에 특정 계급이나 신분의 전유물이 아니다. 작업대에서 일하고 있는 기계공도 성직자나 귀족처럼 그런 태도를 가질 수 있다. 노동하는 사람이라고 꼭 거칠거나 천박해야 할 필요는 없다. 유럽 대륙의 여러 나라에서나 모든 계급의 사람을 구분해주는 공손함과 세련된 태도는 문화가 발전하고 사회적 교제가 더 일반적인 것이 되면 당연시 되는 태도이며, 누구나 인간으로서 갖춰야 할 진정한 자질 중 그 어느 것도 희생하지 않으면서 그런 태도를 갖출 수 있다.

가장 높은 신분에서 가장 낮은 신분에 이르기까지, 그리고 가장 부유한 사람에서 가장 가난한 사람에 이르기까지 어떤 사회적 신분이나 여건도 자연이 우리에게 베푼 최고의 선물인 고결한 심성을 거부하지 않는다. 고결한 심성을 갖추지 않았으면서 신사인 사람은 절대 존재하지 않는다. 이런 고결한 심성은 레이스로 장식된 귀족의 외투 아래서뿐만 아니라 손으로 거칠게 짠 농부의 옷 아래서도 그 모습을 드러낼 수 있다.

언젠가 로버트 번스가 에든버러 출신의 젊은 귀족과 함께 길을 걷던 중 어느 정직한 농부를 보고 아는 체를 했다가 귀족에게 크게 책망을 받았다. 그러자 번스는 이렇게 외쳤다. "자네 정말 바보로군. 내가 말을 건 상대는 멋진 외투나 고급 모자나 근사한 신발이 아니라 그걸 입은 사람이었다네. 진정한 가치를 따지자면 지금이라도 그 사람이 자네나 나보다 열 배는 훌륭한 사람이네." 옷차림이 수수한 사람은 그 아래 숨겨진 심성을 알아볼 안목이 없는 사람에게는 천박하게 보일지 몰라도 올바른 심성의 소유자에게는 인격을 알아볼 수 있는 분명한 표시가 있는 법이다.

진정한 신사는 최고의 본보기를 따라
자기 인격을 가꿔나가는 사람이다

진정한 신사는 최고의 본보기를 따라 자기 인격을 가꿔 나가는 사람이다. 신사라는 말은 옛 이름으로서 사회의 각 분야에서 지위나 권력이 있는 사람을 일컫는 호칭으로 인정받았다. 프랑스의 어느 노장군은 루시용에서 스코틀랜드의 신사 계급으로 구성된 자신의 연대를 향해 이렇게 말했다. "신사는 언제나 신사다. 신사는 언제나 어려움과 위험 속에서 자신을 증명한다."

이런 인격을 갖추는 것, 그 자체가 위엄이고 편견 없는 모든 마음으로부터 존경심을 불러일으킨다. 이름뿐인 계급에 고개를 숙이지 않는 사람이라도 신사에게는 경의를 표한다.

신사의 자격은 옷차림이나 예절이 아니라 도덕적 가치에, 개인이 소유한 재산이 아니라 개인의 자질에 달려 있다. 성경 〈시편〉의 저자 다윗은 신사를 "오직 깨끗하게 살고 의로운 일을 하며 마음으로부터 진실을 말하는 사람"이라고 간결하게 묘사한 바 있다.

신사의 가장 큰 특징이라면 자신을 존중한다는 점을 들 수 있다. 신사는 남이 아는 자신의 인격이 아니라 자신이 아는 자신의 인격을 존중하고, 자기 내면에 있는 감시자의 인정을 존중한다. 신사는 자신을 존중하는 것과 똑같은 법칙에 따라 다른 사람을 존중한다. 그가 보기에 인간은 신성한 존재이며, 거기에서 공손함과 관용, 친절과 자선이 나온다.

아일랜드의 민족주의자 에드워드 피츠제럴드가 인디언과 함께 캐나다를 여행할 때의 일이다. 추장은 짐을 하나도 들지 않고 걷고 있는데 가련하게도 그 부인이 등에 남편의 짐을 지고 터덜터덜 걷고 있는 광경을 보고서 그는 충격을 받았다. 그래서 곧바로 그 원주민 여성의 짐을 받아 자기 어깨에 둘러멨다. 프랑스식으로 말하면 '마음에서 우러나온 예절(politesse de cœur)', 즉 참다운 신사의 타고난 공손함을 아름답게 보여주는 사례다.

참된 신사는 매우 엄격한 명예심을 갖추었기에 비열한 행동을 신중하게 피한다. 언행의 고결함을 향한 신사의 기준은 높다. 신사는 다른 사람을 속이거나 둘러대거나 얼버무리거나 슬그머니 숨지 않고 정직하고 올곧으며 솔직하다. 그의 법도는 청렴이고 올바른 행동이다.

그가 '예'라고 말하면 그것이 법도이고, '아니요'라고 말해야 할 때 대담하게 '아니요'라고 말한다. 신사는 뇌물을 받지 않는다. 오로지 천박하고 원칙이 없는 사람이 이들을 매수하는 데 관심이 있는 사람에게 자신을 팔아넘긴다.

정직하고 의롭고 공손한 이가
부와 신분을 뛰어넘어 참된 신사다

부와 신분은 진정한 신사의 자질과 아무 관련이 없다. 가난한 사람이라도 그 정신과 일상생활에서 참된 신사일 수 있다. 정직하고 진실하고 의롭고 공손하고 온유하고 용기 있고 자기를 존중하며 자조 정신이 있는 사람, 바로 이런 사람이 참된 신사다.

가난해도 정신이 부유한 사람이, 부유해도 정신이 가난한 사람보다 모든 면에서 훨씬 뛰어난 사람이다. 사도 바울의 말을 빌리자면, 전자는 '가진 것 하나 없어도 모든 것을 가진' 사람이지만, 후자는 '모든 것을 가졌으나 가진 것이 하나도 없는 사람'이다. 전자는 모든 것을 희망하고 아무것도 두려워하지 않지만, 후자는 아무것도 희망하지 않고 모든 것을 두려워한다.

정신이 가난한 사람이야말로 진짜 가난한 사람이다. 모든 것을 잃었지만 용기와 쾌활함, 희망, 미덕, 자기 존중을 여전히 간직하고 있는 사람은 여전히 부자다. 그런 사람에게 이 세계는 신뢰 속에서 유지되며, 그의 정신이 세상의 잡다한 근심을 떨쳐버리는 동안 그는 여전히 진정한 신사로서 똑바로 서서 걸어간다.

때로는 남루한 옷차림을 한 사람에게서 용감하고 신사다운 인격을 발견하기도 한다. 여기에 오래된 이야기지만 훌륭한 일화가 있다. 한번은 이탈리아 북부의 아디제강이 갑자기 범람하는 바람에 베로나 다리가 중앙 아치만 남겨둔 채 모두 쓸려 내려가는 일이 있었다. 마침 그 중앙 아치 위에는 집이 한 채 있었고, 그 집에 사는 사람들이 창가에 매달려 살려달라고 애원하고 있었다. 그때는 이미 교각의 기초가 눈에 띄게 허물어지고 있었다. 이 광경을 보고 있던 스폴베리니 백작이 이렇게 외쳤다. "누구든 저 불행한 자들을 구해 데려오는 자에게 프랑스 돈으로 100루이도르를 주겠네." 그때 군중 속에서 한 젊은 농부가 앞으로 나와 배를 잡아타고선 급류 속으로 배를 몰았다. 교각에 배를 대고 고립되어 있던 일가족을 모두 배에 태우고선 강변으로 배를 몰아 이들을 무사히 내려주었다. "여기 자네 돈

일세, 용감한 젊은 친구." 백작이 이렇게 말하자 그 젊은이는
이렇게 대답했다. "아닙니다. 저는 돈을 받고 제 목숨을 팔지
않습니다. 그 돈은 여기 불쌍한 가족에게 주시지요. 돈이 필요
할 테니까요." 이 젊은이는 비록 농부의 옷차림을 하고 있었으
나 이것이야말로 진정한 신사의 정신이었다.

진실이야말로 존재의 정점이자 청렴한 삶의 정수이다

무엇보다 신사는 진실하다. 그는 진실이야말로 '존재의 정점'이자 청렴한 삶의 정수다. 체스터필드는 진실이 신사를 성공으로 이끈다고 단언했다.

웰링턴 공작이 이베리아 반도에 머물고 있을 때, 죄수의 가석방 문제를 놓고 켈러먼이 자신의 의견에 반대하자, 그에게 편지를 써서 영국 장교가 용기 이외에 자부심을 가질 만한 것이 하나 있다면 그것은 바로 진실성이라고 말하면서 이렇게 덧붙였다. "영국 장교가 자기 명예를 걸고 도주하지 않겠다고 선서한 이상, 그들은 분명히 그 선서를 어기지 않을 겁니다. 내 말을 믿고, 그들의 말을 믿어보십시오. 영국 장교의 말 한마디가 초병의 감시보다 더 확실한 보증이니 말입니다."

진정한 용기는 신사다움과 함께한다. 용기 있는 사람은 관대하고 인내심이 있으며 절대로 냉혹하거나 잔인하지 않다. 존 프랭클린의 친구인 항해가 페리는 프랭클린에 대해 "위험 앞에서 결코 등을 돌리지 않지만, 모기 한 마리도 털어내지 못할 만큼 마음 여린 사람"이라고 멋지게 표현했다.

베야르의 정신을 이어받았다고 할 만한, 진정으로 신사다운 인격의 훌륭한 특징을 보여준 이는 에스파냐의 엘 보돈에서 벌어진 기병대 전투에 참전했던 어느 프랑스군 장교였다. 그는 펠턴 하비를 내려치려고 칼을 치켜들었으나 상대방에게 한쪽 팔이 없음을 알아채고선 바로 공격을 멈추고 하비 앞에서 통상적인 경례의 표시로 그의 앞에서 칼을 내려뜨린 후 말을 타고 지나갔다.

여기에 덧붙일 수 있는 사람이 있다면 같은 이베리아 반도 전쟁에서 고결하고 신사다운 행동을 보여준 프랑스 혁명군의 영웅 미셸 네이다. 당시 코룬나에서 포로로 붙잡힌 찰스 네이피어는 부상이 심각한 상태였다. 본국의 친구들은 그의 생사조차 모르는 상태였다. 영국은 그의 생사를 확인하기 위해 군함 한 척에 특사를 태워 현지로 급파했다. 클루에 남작이 특사를 맞이한 후 네이에게 특사의 도착 사실을 알렸다. 그러자 네 장군은 이렇게 말했다. "그의 친구들에게 포로를 보여주고 그가 좋은 대접을 받으며 잘 지내고 있다고 전해주시오." 클루에가 망설이자, 네 장군이 웃으며 이렇게 물었다. "그 사람이 원하는 게 더 있답니까?" "노모가 있는데 앞을 못 보는 미망인이랍니다." "그래요? 그러면 그 사람더러 직접 가서 자신이 살아 있다고 말하라고 하세요." 아직 국가 간의 포로 교환이 허용되지 않고 있었기 때문에, 네 장군은 젊은 장교를 풀어주었다가 황제의 노여움을 살 위험이 있음을 잘 알고 있었다. 하지만 나폴레옹도 네 장군의 너그러운 행동을 승인해주었다.

고통스러운 순간에도
자기 의무를 피하지 않는다

1852년 2월 27일, 아프리카 앞바다에서 버큰헤드호가 침몰한 사건은 19세기를 살았던 평범한 사람들의 기사도 정신을 보여주는 또 하나의 잊지 못할 사례이자 어떤 시대라도 자랑스러워할 만한 사례다.

당시 이 배는 남성 472명과 부녀자와 아이 166명을 태우고 아프리카 연안을 항해하고 있었다. 남자들은 케이프타운에 주둔해 있던 몇몇 연대 소속 병력으로 주로 복무 경력이 짧은 신병이었다. 모두가 선실에서 잠들어 있던 새벽 두 시경에 배가 암초에 심하게 부딪혔고 그로 인해 배 밑바닥에 구멍이 뚫렸다. 배가 곧 가라앉을 참이었다.

비상을 알리는 북소리가 울리자, 병사들이 무장을 갖추고 갑

판 위에 집결했고 마치 열병식에라도 참석한 듯이 도열했다. 부녀자와 아이들을 구하라는 명령이 떨어지자, 무기력한 상태로 옷도 제대로 갖춰 입지 못한 부녀자와 아이들을 선실에서 끌어올려 차분히 구명정에 태웠다.

구명정이 모두 배 측면에서 떠나자, 함장이 생각 없이 이렇게 외쳤다. "수영할 줄 아는 사람은 모두 바다로 뛰어들어 구명정으로 헤엄쳐 가라." 그때 제91 하이랜더 연대 소속의 라이트 대위가 말했다. "안 됩니다. 그렇게 했다간 부녀자들이 탄 구명정이 전부 가라앉을 겁니다." 그 말에 용감한 병사들은 꼼짝도하지 않고 제자리를 지켰다.

구명정은 한 척도 남아 있지 않았고 살 수 있으리라는 희망도 없었지만, 누구도 겁을 먹지 않았고 그 고통스러운 순간에도 자기 의무를 피하지 않았다. 생존자 중 한 명인 라이트 대위는 이렇게 말했다. "배가 완전히 물에 잠길 때까지 누구도 동요하거나 울지 않았습니다."

배가 가라앉으면서 영웅적인 병사들도 함께 가라앉았다. 이들은 축포를 쏘며 파도 속에 잠겼다. 이들 신사와 용사들에게 영광과 명예가 있으리라! 이들의 본보기는 절대 사라지지 않고 이들에 대한 기억처럼 영원히 살아 있을 것이다.

남에게 내 견해를 강요하지 않고, 호의를 베풀되 생색내지 않는다

온화함은 신사다움을 판단하는 최고의 시험이다. 다른 사람의 감정을 배려하고, 자기 동료뿐만 아니라 아랫사람이나 식솔을 배려하며, 이들의 자존감을 존중해주는 것, 이 모두는 진정한 신사의 모든 행동에 구석구석 스며들어 있다.

신사는 다른 사람의 행동을 몰인정하게 해석함으로써 큰 잘못을 범하는 위험을 자초하기보다 작은 손해를 스스로 감수한다. 또한 신사는 자기보다 불리한 처지에 있는 사람의 단점이나 실수나 착오를 관용으로 대하며 심지어 자신이 기르는 동물에게까지 자비로운 태도를 보인다.

신사는 성공했다고 우쭐대거나 실패했다고 지나치게 낙담하지도 않는다. 신사는 다른 사람에게 자신의 견해를 강요하지 않지만, 필요하다면 언제든지 자기 생각을 거리낌 없이 이야기한다. 신사는 호의를 베풀되 생색 내지 않는다.

채텀은 신사의 특징은 인생을 살아가면서 일상생활에서 벌어지는 작은 일에서 자기를 희생하고 자기보다 남을 우선하는 것이라고 말했다.

고결한 인격으로 남을 배려하는 이런 정신을 보여주는 사례로 용감한 랠프 애버크롬비의 일화를 언급할 수 있을 것이다. 그는 아부키르 만 전투(1798년 넬슨의 영국 함대가 나폴레옹의 프랑스 함대를 격파한 '나일강 전투'를 말함 – 옮긴이)에서 치명상을 입고 들것에 실려 넬슨 제독의 기함 푸드로이언트 호로 후송되었다. 통증을 덜어주기 위해서 한 병사의 모포를 머리에 받쳐주자 상당히 통증이 줄어드는 것을 느꼈다. 그가 머리에 받친 것이 무엇인지 묻자, "병사용 모포일 뿐입니다"라는 답변이 돌아왔다. 상반신을 일으키며 이렇게 물었다. "어느 병사의 모포인가?" "그저 한 병사의 것입니다." "이 담요 주인의 이름을 알고 싶네." "42연대 소속 덩컨 로이입니다." "그러면 오늘 밤에 덩컨 로이에게 자기 담요가 있는지 확인해보게." 장군은 죽음을 눈앞에 두고서도 자신의 고통을 덜기 위해 다른 사병이 모포 없이 지내는 일이 단 하룻밤이라도 있어서는 안 된다고 생각했다. 이 일화는 네덜란드 쥐트펜의 격전지에서 죽어 가면서도 다른 사병에게 물을 건넨 시드니의 일화만큼이나 훌륭하다.

기발한 생각으로 유명했던 노학자 풀러는 위대한 해군 제독 프랜시스 드레이크의 인격을 설명하면서 진정한 신사와 진정한 실천가의 인격을 다음과 같은 몇 마디로 요약했다. "사생활은 깨끗했고 거래할 때는 공정했으며 자기가 뱉은 말은 꼭 지켰다. 아랫사람에게는 인정을 베풀었고 게으름을 그 무엇보다 싫어했다. 특별히 중요한 일을 처리할 때는 다른 사람이 아무리 믿을 만하고 재주가 있어 보여도 그 사람에게 일을 맡기지 않았고, 항상 위험을 두려워하지 않았으며, 어떤 고생도 마다하지 않았다. 용기나 재능이나 근면함이 발휘되어야 하는 곳이라면 언제든지 맨 앞에 섰다."

인간의 행복은 어디에서 오는가

아리스토텔레스의 인생 수업

아리스토텔레스 지음 | 값 15,000원

당신은 행복한가? 어떤 삶이 행복한 삶일까? 이 책은 행복은 무엇이며, 어디에서 비롯되는지를 정리한 아리스토텔레스의 『니코마코스 윤리학』을 재편역한 것으로, 현시대 독자들이 쉽게 접근할 수 있는 내용을 엄선해 담았다. 다소 난해하고 관념적인 내용과 현시대와 맞지 않은 내용들은 덜어내고 정리했다. 지금 삶의 목적과 방향을 모르겠다면, 진정으로 행복하게 살고 싶다면 읽어야 할 책이다.

살아갈 힘을 주는 니체 아포리즘

니체의 인생 수업

프리드리히 니체 지음 | 값 15,000원

내가 살아가는 목적을 모르겠다면, 현재의 삶이 괴롭고 고통스럽다면 니체의 생생한 목소리를 담은 이 책을 읽자! 채우기보다는 비워내 나 자신을 찾아 삶의 위기를 의연하게 이겨내길 당부하는 니체 특유의 디톡스 철학, 생(生) 철학이 고된 우리의 현실을 이겨내고 다시 살아갈 힘을 준다. 이 책에는 우리가 알아야 할 인생의 모든 지혜가 담겨 있다. 겉만 번지르르한 관념적인 인생 조언이 아니라 냉엄한 현실을 살아가는 데 도움이 되는 생생하고 구체적인 실천 수칙들이 가득하다.

살아갈 힘을 주는 쇼펜하우어 아포리즘

쇼펜하우어의 인생 수업

아르투어 쇼펜하우어 지음 | 14,900원

행복과 인생의 본질, 인간관계의 본질, 학문과 책의 본질 등 인생 전반에 대한 쇼펜하우어의 직설적인 조언을 담은 인생 지침서다. 쇼펜하우어는 이 책에서 인생은 고통 그 자체지만 이 고통이 살아갈 힘을 준다고, 부는 행복에 큰 영향을 끼치지 않는다고, 남에게 평가받기 위해 인생을 낭비하지 말라고, 불행은 혼자 있을 수 없는 데서 생기기에 인간은 고독해야 한다고 전한다.

사람의 마음을 움직이는 38가지 설득 요령

쇼펜하우어의 내 생각이 맞다고 설득하는 기술

아르투어 쇼펜하우어 지음 | 값 13,500원

이 책은 대화하는 사람들의 내면에 잠재된 인간 본성을 들춰냄으로써 인간의 오류를 예리하게 지적한다. 나아가 논리학에서 다루는 쟁점 사항인 객관적인 진리에 도달하기 위해, 궁극적으로 상대로부터 몰아치는 공격에서 허위와 기만의 껍새를 포착하고 그것에 적절히 대처할 수 있어야 한다고 당부한다. 이 책은 그러한 위험 신호를 감지하는 민첩성과 예민함을 길러주는 훌륭한 지침서가 되어줄 것이다.

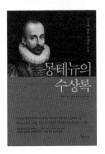

인간에 대한 위대한 통찰

몽테뉴의 수상록

미셀 몽테뉴 지음 | 값 12,000원

가볍지도 과하지도 않은 무게감으로 몽테뉴는 세상사의 다양한 주제들에 대해 본인의 견해를 자신 있고 담담하게 풀어낸다. 이 책을 읽으며 나의 판단이 바른지, 내가 지금 제대로 살고 있는지, 앞으로 어떻게 살아야 하는지 등을 수없이 자문해보자. 원초적인 동시에 삶의 골자가 되는 사유를 함으로써 의식을 환기하고 스스로를 성찰하며 인생의 전반에 대해 배우는 계기가 될 것이다.

자신과 마주하고 지혜롭게 살아가기

아우렐리우스의 명상록

마르쿠스 아우렐리우스 지음 | 값 11,000원

마르쿠스 아우렐리우스는 로마제국을 20년 넘게 다스렸던 16대 황제다. 그는 로마에 있을 때나 게르만족을 치기 위해 진영에 나가 있을 때 스스로를 반성하고 성찰하는 내용을 그리스어로 꾸준히 기록했다. 그 결과물이 바로 『명상록』이다. 마음가짐을 어떻게 가져야 하는지, 삶과 죽음에 대한 바람직한 태도는 무엇인지, 변하지 않는 세상의 본질은 무엇인지 등을 들려주고 있어 곱씹고 음미하면서 책장을 넘기게 될 것이다.

우리는 어떻게 살아야 하는가

발타자르 그라시안의 인생 수업

발타자르 그라시안 지음 | 15,000원

이 책은 스페인의 대철학자 발타자르 그라시안의 인생에 대한 뛰어난 통찰력과 인간관계의 본질에 대한 직설적인 조언을 담은 인생지침서다. 발타자르 그라시안은 좋은 사람인 척 살아가기보다는 세상의 본질을 알고 지혜를 갖출 때 내 삶은 행복해진다는 메시지를 전하고 있다. 이 책에서 만날 수 있는 현명하고 솔직한 직언으로 자기 자신의 모습을 되돌아보며 삶을 살아갈 힘을 얻어보자.

살아갈 힘을 주는 세네카 아포리즘

세네카의 인생 수업

루키우스 안나이우스 세네카 지음 | 값 14,500원

세네카가 남긴 12편의 에세이 중 대중들에게 가장 널리 알려진 6편의 에세이를 한 권으로 엮어 펴낸 책이다. 편역서의 특성상 현대의 독자들이 이해하기 힘들거나 시대적·역사적·문화적으로 거리가 먼 내용들은 과감히 삭제하고, 현대인들이 실질적으로 자신들의 삶에 적용할 수 있을 만한 핵심 내용만을 추려 간결하고 압축된 형식으로 소개한다.

■ 독자 여러분의 소중한 원고를 기다립니다

메이트북스는 독자 여러분의 소중한 원고를 기다리고 있습니다. 집필을 끝냈거나 집필중인 원고가 있으신 분은 khg0109@hanmail.net으로 원고의 간단한 기획의도와 개요, 연락처 등과 함께 보내주시면 최대한 빨리 검토한 후에 연락드리겠습니다. 머뭇거리지 마시고 언제라도 메이트북스의 문을 두드리시면 반갑게 맞이하겠습니다.

■ 메이트북스 SNS는 보물창고입니다

메이트북스 홈페이지 www.matebooks.co.kr

책에 대한 칼럼 및 신간정보, 베스트셀러 및 스테디셀러 정보뿐만 아니라 저자의 인터뷰 및 책 소개 동영상을 보실 수 있습니다.

메이트북스 유튜브 bit.ly/2qXrcUb

활발하게 업로드되는 저자의 인터뷰, 책 소개 동영상을 통해 책에서는 접할 수 없었던 입체적인 정보들을 경험하실 수 있습니다.

메이트북스 블로그 blog.naver.com/1n1media

1분 전문가 칼럼, 화제의 책, 화제의 동영상 등 독자 여러분을 위해 다양한 콘텐츠를 매일 올리고 있습니다.

메이트북스 네이버 포스트 post.naver.com/1n1media

도서 내용을 재구성해 만든 블로그형, 카드뉴스형 포스트를 통해 유익하고 통찰력 있는 정보들을 경험하실 수 있습니다.

STEP 1. 네이버 검색창 옆의 카메라 모양 아이콘을 누르세요. STEP 2. 스마트렌즈를 통해 각 QR코드를 스캔하시면 됩니다. STEP 3. 팝업창을 누르시면 메이트북스의 SNS가 나옵니다.